『事業成長担保化』への軌跡

――不動産担保から動産担保へ、そして事業成長担保へ！！――

新時代に負けない目利きの実践

特定非営利活動法人
日本動産鑑定
理事長　久保田 清

はじめに

本年（二〇二二年・令和四年）一〇月一〇日、特定非営利活動法人　日本動産鑑定　創立一五周年を迎えるに当たり、一五年間の軌跡を改めて一冊の書籍に致しました。

設立当時は、『二度とバブル経済を起こさないために、金融機関のあるべき姿を追求した』。その結果、〝企業実態の把握の重要性を世間に説く〟ことになり、そして時を同じくして日本にＡＢＬ（動産・売掛債権担保融資）旋風が吹き始めた。〝ＡＢＬこそ不動産担保・保証人に過度に依存しない融資支援が出来る〟と信じ、その後、〝企業の実態把握はリスク管理にも本業支援にも、新たな融資支援にも役立つ光明をもたらす金融の礎である〟ことの発見に繋《つな》がった。そして念願の〝企業実態把握が事業性評価へと〟位置づけられていった。

バブル経済崩壊後の一九九〇年代以降、金融庁を中心として金融機関の志向、及び産業構造の変化も伴い、企業の事業に着目した融資・担保制度の確立・普及に向けた様々な議論が行われてきた。そして今、法制審議会担保法制部会で取り上げられている〝仮称〟『事業成長担保権』が動き出し、金融庁も具体的な制度設計に入っている。『事業成長担保権』の考え方は、金融機関の融資実務を複雑化する新たな担保設定と言うことではなく、融資実務を多様化するための新たな選択肢を提供することと認識している。つまり、『事業成長担保権』が導入されることにより、新たなリスクテイク等が可能となり、金融機関及び事業者双方にとりＷｉｎ－Ｗｉｎとなる可能性は高い。

筆者としては、如何《いか》に『事業成長担保権』の活用を促進するかが大テーマで、この実現こそが一五年間の集大成に繋がると信じている。『事業成長担保権』の適正な評価方法を確立することで、『事業成長担保権』の融資が普及に繋がる。そのためにはＡＩの活用も一部必要とはなるが、しかし根本的に必要なことは事業実態を把握する知識と目利き力を如何に金融機関の行職員に備え付けられるかが大きな課題であると言わざるを得ない。

本書は二〇一七年五月発行の『事業性評価の最前線』の続編にあたります。設立以来一五年間にわたり動産評価から事業性評価への概念を世に広め、システムの開発から人材教育、そして事業性評価を推進する為の金融実務等、一五年間で作り上げた数々のインフラの全てを本書籍に纏《まと》めさせて頂きました。ここ数年、コロナ禍にあり普及に窮《きゅう》することもありましたが、事業性評価と言う言葉・概念の広がりを頂けたことに、なおさら感慨深いものがあります。

しかし、その一方では実務面での正しい理解は今後も大きな課題として残っています。

そこで、本書籍は『事業成長担保化への軌跡』と題し、実践からの実務を一から見直しして頂くと共に、普及のための各種インフラを是非とも学び取ることで、事業成長担保を世に広めて頂きたいと心より願っております。

二〇二二年（令和四年）一〇月吉日

久保田　清

目次

序章　動産担保融資・動産鑑定評価とは

I．動産担保融資とは

融資手法について過去の歴史を振り返ってみると、銀行融資の不動産担保への依存は企業と銀行のコミュニケーションを減らす結果をもたらした、と言わざるを得ない。このコミュニケーション不足は、企業の過剰在庫や業況悪化に対する認識の遅れをもたらし、こうした企業診断の怠慢がバブル崩壊を端緒とした不良債権の拡大につながっていったと分析できる。

この分析からの反省に立ち、二度とバブルの失敗を繰り返さないためには、不動産担保に過度に依存しない融資手法の速やかな実施が求められている。

その融資手法の一つとして注目されているのが「動産担保融資」である。

この**動産担保融資は、まさに企業の保有する動産（流動資産）を担保として着眼する融資手法**であり、その担保の性質から、企業と銀行の頻繁な対話がもたらされることになる。

後段で順次、解説していくが、動産担保融資の実現には「担保占有の問題」「担保の二重設定」などといった問題があり、過去には実現が困難な融資手法だった。それだけに、その実現にはインフラの整備が急務だったが、二〇〇五年一〇月に「動産譲渡担保の登記制度」が整備されたことで、第三者対抗要件具備の手法が拡大し、担保としての活用が可能となるなど、動産担保融資の円滑な実現を可能とする環境が急速に整いつつある。その他のインフラ整備も着々と進められている。

本書は、こうした観点に基づき、流動資産の中でも在庫に照準を合わせ、在庫商品の担保つまり、動産担保による融資の有用性について、その根本的な部分を実態に即して説明することを主眼としている。本書を通じて、この動産担保融資が日本経済を健全な姿で活性化するための融資手法であることを理解していただければ幸いである。

(1) 不動産担保融資との違い

融資手法として一般的である不動産担保融資との違いから、動産担保融資の特徴を見ていきたい。

従来からの不動産担保は、担保物件の権利変動が少ないこと、担保評価が債務者の業績とは直接関係がないこと――が特徴であり、担保の再評価の頻度も比較的低い。つまり、不動産担保、特に根抵当権への依存が債務者と銀行のコミュニケーションを減少させることにつながってしまう可能性が高いと思われる。

このことを債務者側から見た場合、「不動産担保の設定を応諾する」ということは、資金調達のために必要なその他の情報開示、例えば商品在庫等の情報開示を銀行側に対し行う度合いが少なくなってしまうことが予想される。このことから言えるのは、債務者は与信判断をした銀行から経営状態の実態把握を求められることや、新事業への取組みや事業見直し等を検討する際のアドバイスおよびチェックを受ける機会を逸することとなりかねない、ということになる。経営が苦境に陥った際、最も大切なことは〝早期着手〟だが、こうした状況では事業の再構築に向けて着手するタイミングを遅くする要因ともなり得る。

一方、銀行側から見た場合、不動産担保へ依存することで、債務者に対して経営情報等の開示を要請することが少なくなる、すなわち債務者のモニタリング不足につながっていくことが考えられる。また、融資に見合う十分な額の不動産担保を設定していた場合、業績が悪化した企業であっても財務体質の見直し等を強く要請することが遠慮がちとなる。結果的に融資判断ミスとなり過剰融資を誘発する危険度がアップすることが考えられる。これこそ、あってはならない最悪のケースとなる。こうした、不動産担保への過度な依存によりもたらされる弊害を考えると、動産担保融資の有用性が十分に理解できると思う。

先ほど簡単に触れたが、動産を担保として融資を行うということは、常に変動する担保物件の残高確認や動産評価を行うことが必要となる。このため、債務者と銀行との間で従来にはない、より頻繁な情報交換の機会が作られるが、これは、企業自体の分析を恒常的に行うということにつながる。このことが、動産担保融資を推進するうえで最も重要な点である。

また、実務上、担保物件は第三者の専門家による評価鑑定になることから、価格変動に対する信頼度も高まり、企業の業況変化に対しては敏感に反応することができる。したがって、万が一、企業が業況悪化の事態となった場合にも早期に事業再構築への見極めが可能となり、従来の融資手法とは異なり、銀行側に大きなメリットをもたらす。これは債務者の側にとっても大きなメリットとなる。

(2) 動産担保融資の問題点

動産担保融資を推進するうえでの問題点に触れたい。

これまで、機会があるごとに動産担保融資に対する取組みを各金融機関に対して、詳しく説明をしてきたが、当初は、次の二つの理由から、なかなか理解を得られなかったのが実情だった。

二つの理由とは、

①「動産担保としてのインフラが整備されない限り動産担保融資（制度）は受け入れできない」

②動産担保融資制度の採用はするが、「すでに大手メガバンクの間では大企業向けに大口融資案件での動産担保融資が推進されており、担保物件となる動産は主に機械関係等の評価が容易にできるものが中心」

という二つの問題があり、特に中小企業向の動産担保融資を推進するうえで、大きな障害となっており、現状でももう一つ理解していない金融機関や、経営トップも少なくない。

しかし、①の問題については動産譲渡担保の登記制度が整備されるなどのインフラが整いつつあり、②の問題についても、日本動産鑑定が提供する動産担保評価業務や経済産業省主導の協会（ABL協会）設立に基づく動産担保評価基準の統一等を通じて課題がクリアされつつあると考えている。

Ⅱ．特定非営利活動法人　日本動産鑑定とは

筆者が理事長を務める特定非営利活動法人　日本動産鑑定は、動産評価鑑定の重要性を広く普及させるとともに、動産評価鑑定のできる人材を養成し、その行為についての倫理的規制を行うこと、安定性・客観性・透明性をもって企業の活動を正確に把握することを支援し、社会全体の利益の増進に寄与することを目的として設立されたもの。

この活動を実施する上では、倫理的な観点からも中立性を貫く鑑定評価の整備が求められ、営利を目的とする一般の法人会社では、市場における適正価格を反映しているものかどうかについて明確でないと判断される事が懸念される。このことから、動産評価鑑定業務の目的を達成するためにも、最も望ましい形態として「特定非営利活動法人」を選択した経緯がある。

日本動産鑑定は、企業に対して動産担保鑑定をするにあたり、**その企業が保有している商品の価値を適正に把握し、商売の実態を取引金融機関に正確に伝える**役目を担っている。取引金融機関に各企業の商品の実態を正しく理解してもらうことにより、資金調達の可能性を高め、また本来必要とされる企業と取引金融機関との信頼関係の構築を目指している。

(1) 日本動産鑑定立上時の業務

現在の評価業務については本書の第一〇章で詳しく説明するが、ここでは、日本動産鑑定の原点

を理解していただくために当時の概要について触れておく。

日本動産鑑定が提供している主な業務は、動産担保に関する融資業務、評価業務、管理業務、処分業務の四つの業務のうちの、**①評価業務**、**②管理業務**、**③処分業務**、および鑑定者育成業務が中心だった。

①評価業務では、当法人の動産評価鑑定士が、担保となる動産を時価価格と鑑定価格で算出し、評価時点での価値を証明する「動産評価鑑定書」を発行する。

②管理業務では、データ管理によるモニタリング、つまり企業が保有する動産の価値をリアルタイムに把握できるシステムを引き続き検討する。動産担保融資業務を完成されたビジネスモデルに近づけるために必要不可欠なもの。

③処分業務では、動産担保として取得した商品等、動産の処分依頼に対しての受付窓口の役割を果たし、当法人が構築した処分市場での販売等により回収を支援する。

このような、私どもの動産担保融資への取組みは、二〇〇五年八月三日、動産譲渡担保の登記制度がその年の一〇月から整備される旨の情報入手をしたその時から始まったもの。筆者の脳裏を激震させたそのニュースが、これらの発案となり、一連の動産担保評価業務の誕生につながったと言える。この日以降、中小企業支援の拡充に向け、金融機関とともに今日までひた走る結果となった。

筆者の動産担保融資に対する考え方は、あの二〇〇五年八月三日以降、今日まで終始一貫変わっていない。それは、「銀行員時代に成し遂げることのできなかった、中小企業への的確な企業診断によるアドバイスの実現」、「二度とバブルを繰り返さないための融資戦略の実現」、「動産評価の目利き人と呼ばれる人達との新しい舞台作り」、この三点に集約される。

現在もそして今後も、このことは変わることなく、世の中に新しい資金調達手段を広めることと、企業と一体となった金融機関のあり方を追究していきたいと思っている。

二〇〇五年八月三日以降、各金融機関の経営者、幹部、担当者に動産担保融資について、筆者の考え方を幾度となく繰り返し説明してきた。その時間は、おそらく延べで二〇〇〇時間は超えているものと思う。しかしながら、十分に説明をしたはずと思っていても、なかなか理解してもらえないことも少なからずある。時には諦めの気持ちが頭をよぎる場面が何度も訪れたが、今となってみれば「自分を信じて取り組んでよかった」と心から安堵している。これからも動産担保融資の普及のため、時間を惜しまず取り組みたい思いが増している。

第二章以降、動産担保融資実現に向けて機運がどのように盛り上がっていったのか。また、それに伴う動産評価鑑定のための協会設立や動産評価鑑定士制度の必要性、また動産担保融資の将来像等、そうした願いを込めて本書に織り込んだので、最後まで読まれることを願うばかりである。

Ⅲ．設立からこれまでの概略

特定非営利活動法人　日本動産鑑定は二〇〇七年一〇月一〇日に誕生した。

その活動は、動産（商品・在庫等）を評価すると共に、動産の処分などを通じて中小企業の資金調達に寄与、かつＡＢＬの普及活動に専念していくことを基本理念とした。設立二年前の二〇〇五年一〇月には「動産譲渡登記制度」の運用が開始された。同制度は、企業が保有する在庫商品、機械設備、家畜などの動産を活用した資金調達の円滑化を図るため、法人が行う動産の譲渡について、「登記」によって第三者対抗要件を備えることを可能とする制度である。この新機軸は、中小企業が必要とする運転資金などの調達手段に新たな活路が開かれるという、画期的な出来事となった。

金融機関の企業への融資手法について、過去の歴史を振り返ってみると、不動産担保と経営者の個人保証への過度な依存があったといわざるを得ない。これらの背景には、融資審査の際のコミュニケーション不足があった。具体的には中堅・中小企業、小規模事業者では、棚卸や在庫管理が適切になされていないケースが多く、企業実態を正確に把握することが困難なことが挙げられる。そのため過剰在庫や業況悪化に対する認識の遅れをもたらし、こうした企業診断の怠慢が経営判断・対応の遅れを招き、不良債権の拡大に繋がっていったと分析される。

その一方で、不動産担保、保証人がなくても、在庫や設備などの動産、売掛金、知的財産・資産を保有し、将来の事業展開が有望と思われながら、融資を受けられずに命脈を絶たれる中堅・中小企業、小規模事業者が数多くあったことも、また事実だ。

そこで不動産担保融資に過度に依存しない融資手法として、動産評価、動産担保融資が考え出された。ここで重要な点は「動産評価＝融資実行」ではなく、「動産評価＝担保設定」でもないこと。従って「動産評価＝動産担保融資（ＡＢＬ）」ではなく、「動産評価＝企業実態の把握」である。この観点が、今、金融機関に強く求められている事業性評価に直結する部分となる。当法人は、設立以来、企業実態を正確に把握するための実務面での取り組みとして、動産評価の研究を進めてきた。その点では、時代の要請に先駆けたものと自負している。

動産評価を実施することにより、中堅・中小企業や個人事業主に至るまでの事業実態の透明さはより増すことになる。貸し手側にとっては商品等の正確な情報を把握することによって、〝サドンデス〟の回避につながる。借り手側にとっては事業実態の透明さを金融機関に示すことにより、信頼関係に大きく寄与することになり、これこそが、資金調達の〝革命〟となったのではないだろうか。

そして、事業性評価は、次なるステップへの進化を進めている。金融庁を中心に推し進めている「事業成長担保」の考え方では、従来の不動産担保に加え、動産や知財、〝のれん〟などを含む事業自体の価値が担保対象となる方向だ。近時のコロナ禍で業績が悪化している企業は多いが、バブル期の失敗を繰り返さないためには、再建の可能性がある企業への適切な資金供給も必要となる。〝過去を示す〟決算書による財務分析だけでは、中小企業の成長の芽を摘む事にもなりかねない。今後は、動産評価や知財評価まで踏まえた事業性評価の重要性が益々高まることで、事業成長担保化は中小企業の救世主となることが期待される。

第一章　事業性評価の実務

Ⅰ．事業性評価を組み入れた中小企業融資の流れ

従来、中小企業が金融機関に融資を申し込むと、決算書を提示し財務状況から審査を開始するのが基本的な流れだった。ところが「在庫表、棚卸表を見せてください」と言われても、中小企業や個人事業主は在庫表、棚卸表を作っていないところがほとんどなのが実態。棚卸ひとつにしても、手書きでデータが更新されていない。数年前のものが計上されたままになっていて、実際には不良在庫になっている可能性のものもある。それはなぜなのか。

その理由は費用と手間がかかるからだ。参考までに筆者が出向していたころのドン・キホーテの例を引用すると、一店舗で取り扱っているアイテムは四万から五万点あって、これを棚卸するのにかかる時間と費用はいくらだったか。

一〇〇人の調査員が朝から翌朝まで丸一日にかかってアイテム全部に札をつけてチェックする費用が一四〇〇万円だった。そこまで大掛かりではないとしても、費用と手間を惜しんで棚卸を怠っているところは多い。

銀行は融資をする際に審査資料が必要で、これでは困ってしまう。そこで言葉は悪いが、適当に作ったものを「在庫表です」と提示していた。これではその企業の財務状況の真の姿が、「良い会社」なのか「悪い会社」なのかわからない。銀行は融資が回収できるか不安になるので、「不動産担保

はありますか。保証人を立ててください」と言って、さらに「信用保証協会で保証をつけましょう」となる。これが現実だった。

決算書等で財務分析しても、過去の数値の分析であり、現時点の企業実態を正確に反映されているものとは言えない。現在の企業を分析するということは、設備や在庫商品等の動産を時価で評価すること（動産評価）、売掛金評価により販売先のリスク度チェックを強めること、知的財産や知的資産を可能の限り技術力や売上拡大のための手法としての活用方法等を評価すること。これらの将来のキャッシュフロー分析を正確に行うことによって、初めて企業の分析が可能になるわけだ。そこに従来の不動産担保評価や連帯保証人が加わることもあるが、動産、売掛金、知的財産・資産を三位一体で評価してこそ真の事業性評価であり、これを組み入れることで、不動産担保融資や保証人に過度に依存しない融資がさらに促進されると考えている。

事業性評価を組み入れた中小企業融資の流れ

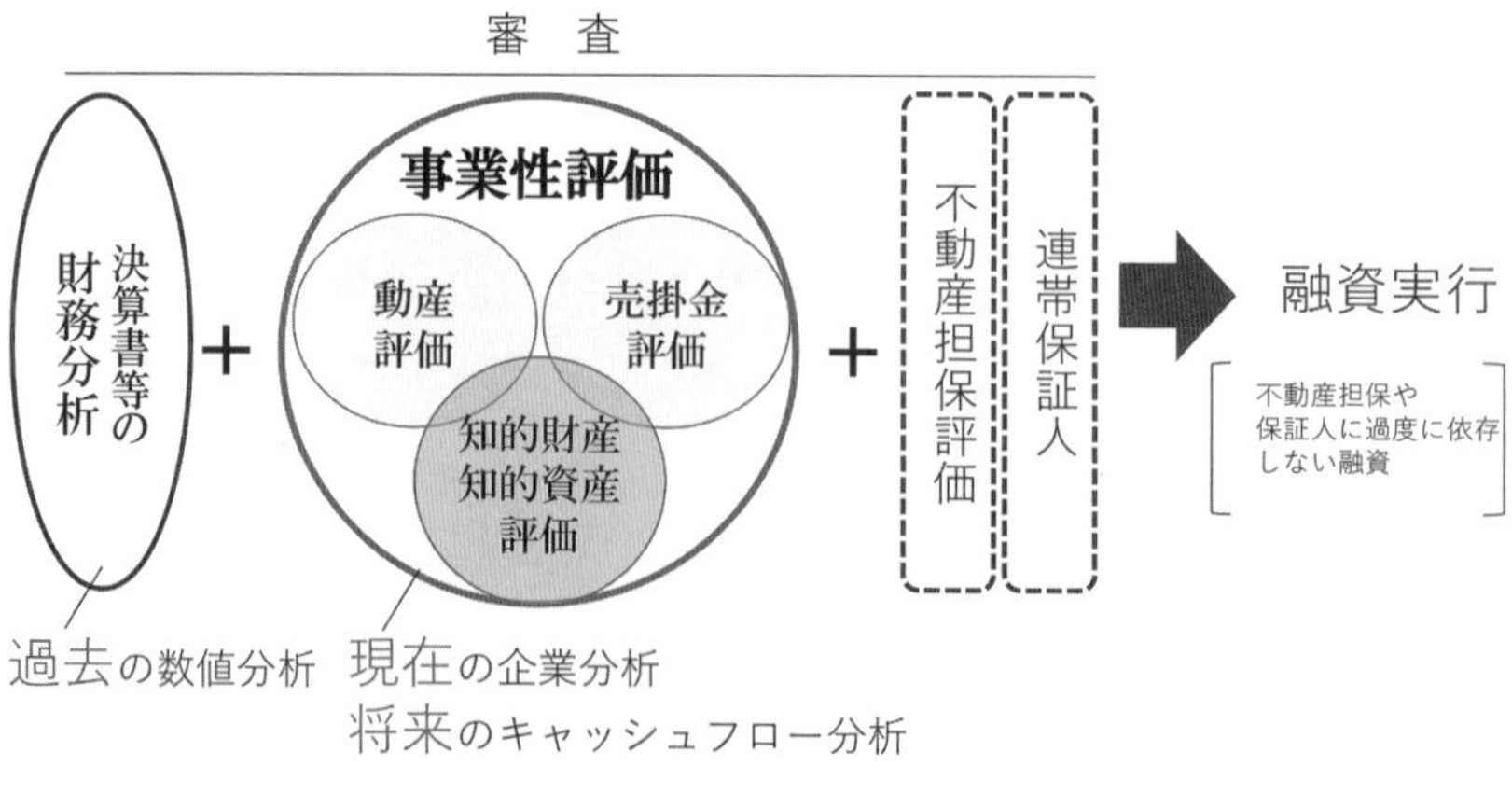

Ⅱ．事業性評価（動産・売掛債権・知財）の流れ

それぞれの企業には、動産、売掛債権、知的財産・資産がある。これを正しく評価することができれば、その企業を鮮明に理解できて、潜在力のある優秀な企業を育てることができるのではないか。銀行の融資審査では、そこを正しく評価できる「目利き」がいない。それでは目利きを育てるしかない。まさにこれが一五年前に日本動産鑑定を設立した動機だった。それがここ五～六年の間に、金融庁、日本銀行、経済産業省・中小企業庁、特許庁、水産庁など監督官庁の思いがひとつになってきている。

具体的な実務の流れは、以下のとおり。

ＡＢＬと呼ばれる動産担保融資には、当初は「不動産に代わる動産を担保に取れれば、動産担保の取得に

事業性評価（動産・売掛債権・知財）の流れ

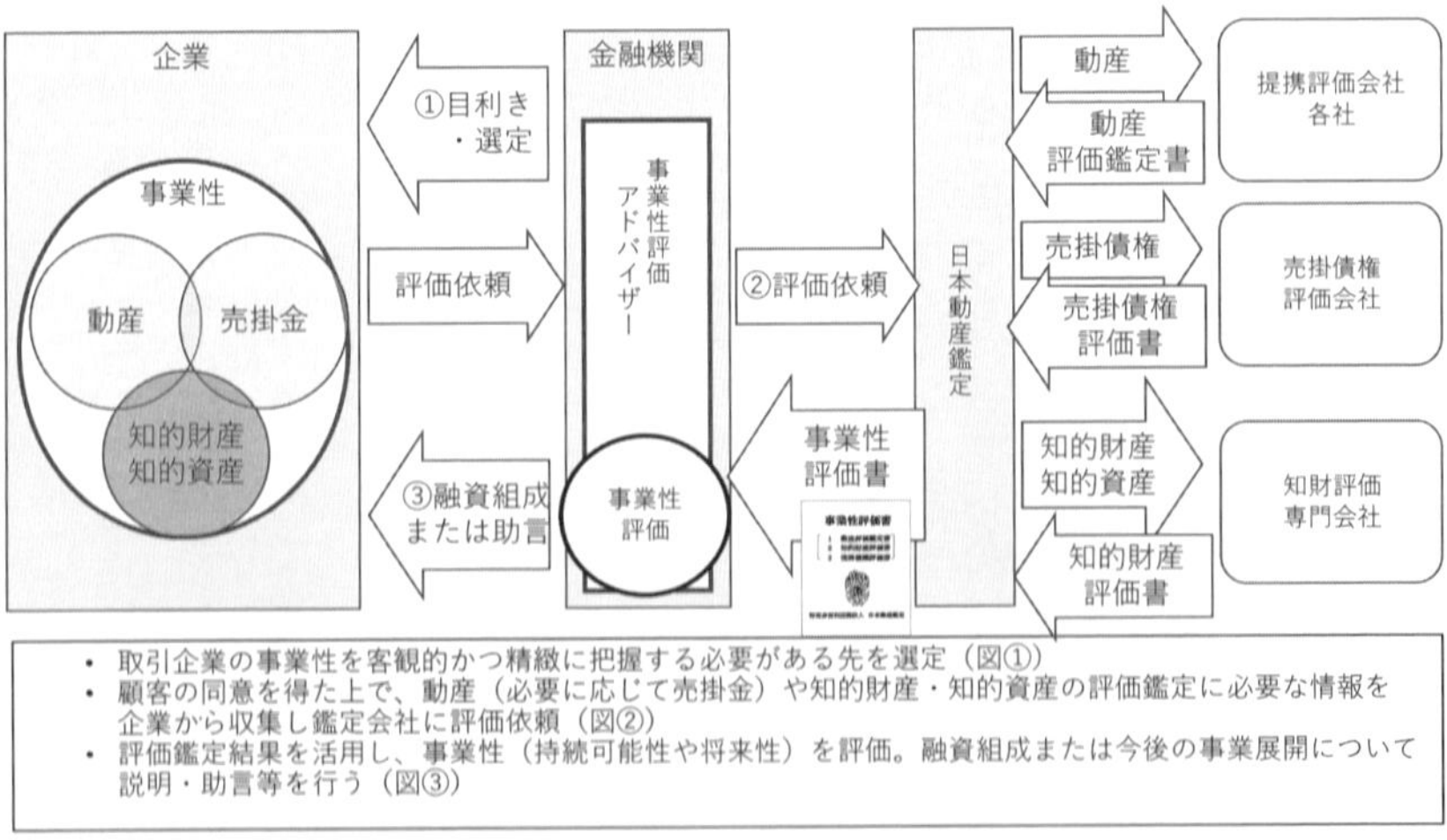

- 取引企業の事業性を客観的かつ精緻に把握する必要がある先を選定（図①）
- 顧客の同意を得た上で、動産（必要に応じて売掛金）や知的財産・知的資産の評価鑑定に必要な情報を企業から収集し鑑定会社に評価依頼（図②）
- 評価鑑定結果を活用し、事業性（持続可能性や将来性）を評価。融資組成または今後の事業展開について説明・助言等を行う（図③）

より融資ができる。

そうすれば保全がアップするから銀行ももっと融資できるのではないか」という考えがあった。その後「これは融資のリスク管理のために評価するのだ」という認識になり、流れが変わってきている。「よく考えればその取引先がある。担保を取るのは二の次で、評価をすることで企業の中身がわかってくるから、仮に担保がなくても企業実態がわかれば、融資ができるのではないか」という流れである。

監督官庁からも「これこそ融資のリスク管理につながる」との見解となり、いよいよ進化を始めたわけだ。リスク管理は確かにその通りだが、一番の目的は「企業活動を活性化する」こと。そのためには融資が必要であり、融資のリスク管理はその手段となる。融資のリスク管理を最重要視することだけでは、本末転倒となってしまう。

第二次安倍内閣は経済政策、いわゆるアベノミクスのひとつに「成長戦略」を掲げ、「中小企業対策、地方創生、活性化」の実現を目指したが、ＡＢＬはこれにも関係する。デフレから脱却し日本経済を活性化するという政策実現の話の中から、やっと世の中の人々にもＡＢＬの重要性がわかってきたと思う。そこで具体的な方法として何があるのかということになり、「事業性評価」という仕組みが注目されるようになったわけだ。

しかし、ほとんどの人々は「事業性評価って、なに？」という状態だったのも事実。それで「どうすれば事業性評価ができるのか」という課題が出てきて、そのなかの一つが二〇一六年九月に金融庁から公表された「ベンチマーク」。「まだ事業性評価は世の中に広まっていないから、銀行は何も対応できないだろう。指標を何項目か作って、融資先の顧客のところでチェック体制を確立することにより、事業性評価ができるだろう」といった判断だったと思う。

ところがベンチマーク公表以降のメディアでの報道を見ると、金融機関は「なんだかよくわからないけれど、ベンチマークが導入されるから、対応しないと大変なことになる」という認識が広まり、あたかもベンチマークが「錦の御旗」みたいになってしまった感がある。「弊行はベンチマークに従って事業性評価を実施した。うちは中小企業の全取引先に対応し○○件のチェックシートを作成した」と答える金融機関が大勢を占めており、それだけで胸を張ることは、これは大きな誤りだ。事業性評価の実務に携わってきた立場から見ると、融資現場の銀行員が「監督官庁が作ったものだから、これを実施するのが事業性評価」と考えるのは、実務をよく知らない段階で空回りしているると言えよう。

また、金融庁が考案した『ベンチマーク』を『ローカルベンチマーク』として、経済産業省が企業の経営実態の把握（健康診断）を行うためのツールとして策定し、二〇一六年（平成二八年）三月に公表した。**ローカルベンチマーク（通称ロカベン）の特徴は、数値による定期的な評価（財務情報）のみでなく、経営者の意欲や事業環境などの定性面（非財務情報）を重視している点であり、定量的な『財務情報』により、企業の過去から現在までの姿を把握し、定性的な『非財務情報』により企業の現在から将来の成長可能性を評価する**、と位置づけされている。

この点は、筆者が正に一五年間訴え続けてきた内容そのものであり、このロカベンを遂行するためには、企業の実態を見抜く〝目利き人〟をいかに養成するかにかかっている。財務情報の分析は、金融機関の行職員、及び中小企業診断士の資格取得者は既に知識の習得はできているとしても、企業の商品・在庫・技術力等の実態把握を実践していくためには、新たな研修が必要となる。

この知識を身に着ける事により、ロカベンで具体的に言われている財務情報の6つの指標①売上持続性②収益性③生産性④健全性⑤効率性⑥安全性を裏付けるための実態把握に活かされる事となる。また、非財務情報として挙げられている四つの視点①経営者②事業③企業を取り巻く環境・関係者④内部管理体制、及び業務フロー・商流に関する情報等―に対しても、学んだ目利き力の発揮が大きく寄与する。正に企業の経営実態を把握した上での今後の経営の方向性を検討するときに、大いに役立つ可能性がある事を、本書籍から受け止めてもらえればと願っている。

Ⅲ．東京都動産・債権担保融資（ＡＢＬ）制度とＡＢＬ総合保険の新設

日本動産鑑定が協力した東京都の制度融資が、足掛け三年かかり二〇一四年度より開始された東京都動産・債権担保融資制度。制度設計の途中から東京都も「不動産担保、保証人をつけない融資方法」を検討し、筆者は「これから導入するのなら、絶対そうした融資制度が必要。不動産担保も保証人も不要。代わりに評価会社が企業実態を評価し、結果動産を担保取得します」と説明した。

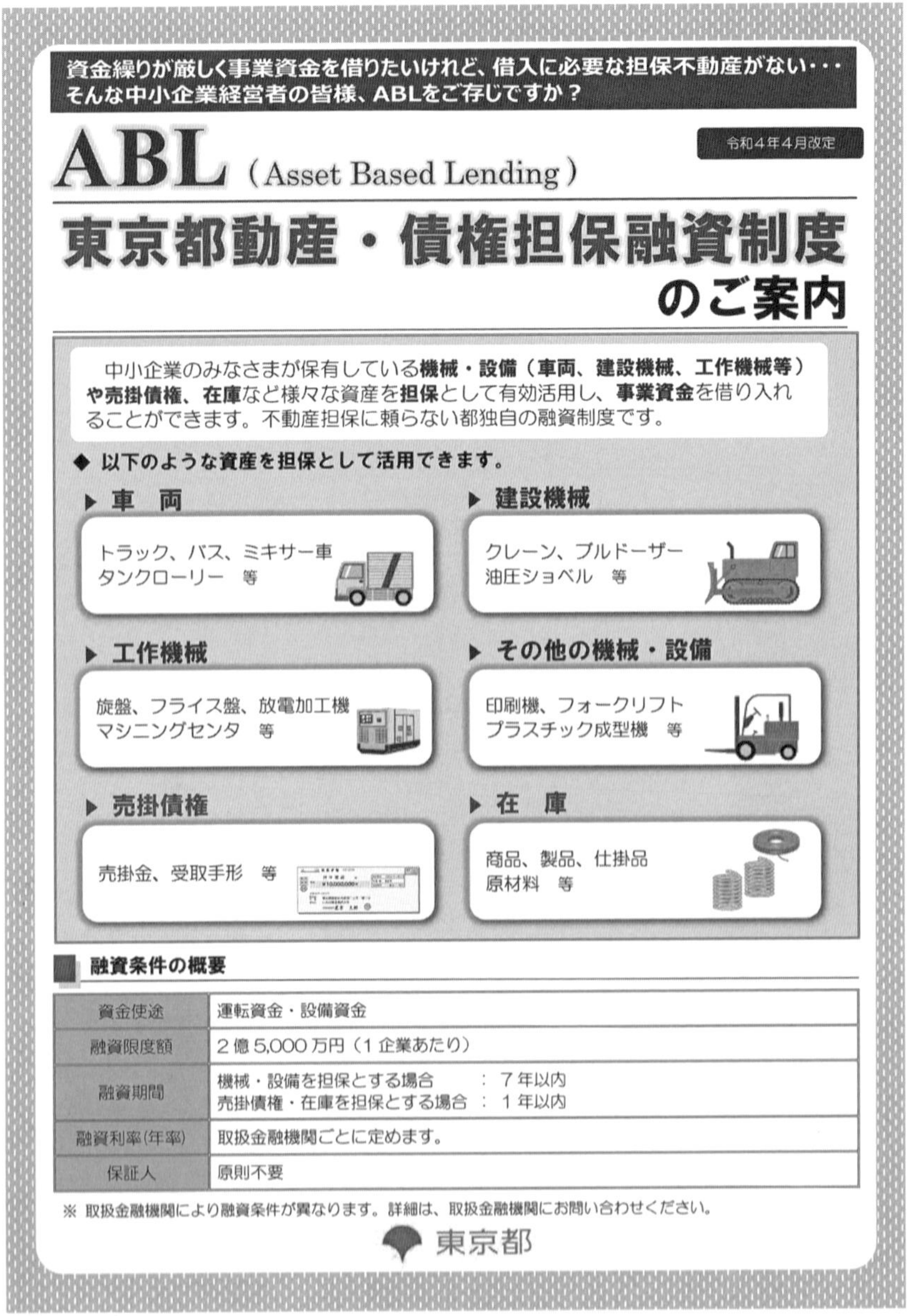

資金繰りが厳しく事業資金を借りたいけれど、借入に必要な担保不動産がない・・・
そんな中小企業経営者の皆様、ABLをご存じですか？

令和４年４月改定

ABL（Asset Based Lending）

東京都動産・債権担保融資制度のご案内

中小企業のみなさまが保有している**機械・設備（車両、建設機械、工作機械等）や売掛債権、在庫**など様々な資産を**担保**として有効活用し、**事業資金**を借り入れることができます。不動産担保に頼らない都独自の融資制度です。

◆ **以下のような資産を担保として活用できます。**

▶ **車　両**
トラック、バス、ミキサー車
タンクローリー　等

▶ **建設機械**
クレーン、ブルドーザー
油圧ショベル　等

▶ **工作機械**
旋盤、フライス盤、放電加工機
マシニングセンタ　等

▶ **その他の機械・設備**
印刷機、フォークリフト
プラスチック成型機　等

▶ **売掛債権**
売掛金、受取手形　等

▶ **在　庫**
商品、製品、仕掛品
原材料　等

融資条件の概要

資金使途	運転資金・設備資金
融資限度額	２億5,000万円（１企業あたり）
融資期間	機械・設備を担保とする場合　：７年以内 売掛債権・在庫を担保とする場合：１年以内
融資利率(年率)	取扱金融機関ごとに定めます。
保証人	原則不要

※ 取扱金融機関により融資条件が異なります。詳細は、取扱金融機関にお問い合わせください。

東京都

東京都動産・債権担保融資制度のパンフレット

ABL総合補償プランの説明(物流総合保険・取引信用保険)のご案内

～ABL担保物権の保全策～

日本動産鑑定の動産評価のノウハウと損害保険ジャパンの商品開発能力で開発したABL総合補償プラン(物流総合保険・取引信用保険)のご案内

区分	担保対象	リスクの存在	専用商品
動産担保	**集合動産※①** 在庫品、原材料 農産物、食料品 動植物　など	**担保動産の滅失、毀損リスク** ●対象動産の保管場所における損害 ●対象動産の保管場所以外(輸送中、加工中、保管場所への搬入、搬出時など)における損害 →集合動産には保管場所から「動く」リスクが存在。	ABL総合補償プラン (物流総合保険)
売掛金担保	**売掛債権** 売掛金	**被担保債権のデフォルトリスク** ●被担保債権が回収不能となるリスク	ABL総合補償プラン (取引信用保険)

※①個別動産を対象とされる場合には本プランではなく、動産総合保険をご用意しておりますので別途お問い合わせください。

〈ご注意〉本資料はABL担保物権の保全策としての保険スキームを金融機関様向けにご紹介するものであり、融資先企業へのご案内を目的としたものではありません。

更に、日本動産鑑定は保険募集を行う業務はしておりません。

保険等に関するご質問については、関連会社である株式会社　KK・エージェンシーが承ります。

※動産評価アドバイザー養成認定講座の受講生向けご案内
※本資料は募集資料として使用できません。

0

ABL総合補償プラン(物流総合保険)の概要

特長① 幅広い補償内容	◇譲渡担保登記された動産のみならず、融資先企業の動産に対するほとんど全ての偶然な事故(火災、風災、水災、盗難、破汚損、虫食い、まがり、へこみ)を補償します。 ◇保管場所の明記は不要。不特定保管場所、輸送中、加工中も補償します。
特長② 評価額にあわせた保険金支払	◇担保動産の評価額に基づき保険価額を協定します。 ◇事故発生時には融資実行時点における担保評価と同じ基準で保険金のお支払をすることが可能となり、合理的な担保保全を図ることができます。 ABL専用特約
特長③ 支払保険金についても一元的な管理が可能	◇あらかじめ融資先企業と担保権者である金融機関側の合意に基づき、保険金支払口座を担保権者に開設される銀行口座等に設定し、支払保険金についても譲渡代金と同様に一元的に管理することが可能です。 ※保管場所を特定し、当該保管場所の動産に対して質権設定をすることも可能です。 ABL専用特約

担保動産の評価額にあわせた保険金のお支払

○客観性・合理性のある評価方法による担保動産の評価額に基づき保険価額を協定　※2

○事故発生時には融資時の評価額と同じ基準で保険金をお支払いすることが可能　※2

(※2)動産によって例外があります。

保険料割引制度

○鑑定評価割引:▲10%(損害保険ジャパンの定める基準に合致した日本動産鑑定の評価を受けている場合)

○リスク状況割引:▲10%(日本動産鑑定の動産評価のリスク状況チェックシートでリスク実態良好と判断された場合)

※動産評価アドバイザー養成認定講座の受講生向けご案内
※本資料は募集資料として使用できません。

0

しかし、動産は不動産と異なり、登記ができない時代があった。それが二〇〇五年の動産譲渡登記制度の開始によって、第三者に対する対抗要件が備わるようになったものの、企業が倒産したときに保全できない可能性があり、動産は、持って逃げられる、盗難にあう、火事で燃えてしまうなど、動産の弱みはそこにあり、誰も手をつけなかったのが現実である。

そこで日本動産鑑定は現在の損保ジャパンと協力して、「ＡＢＬ総合補償プラン」の名称で新たな保険を作りあげた。万が一の場合、動産担保が盗難されたことを証明できれば、保険金が支払われ、事業性評価で動産担保を取得した場合の保全性が、一層高まることになった。東京都制度融資では、このＡＢＬ総合保険の加入は任意とさ

ご参考：ABL総合補償プラン（物流総合保険）の特長

●従来の火災保険に比較して幅広い補償内容

商品を目的とする補償内容	火災保険（店舗総合保険）	ABL総合補償プラン（物流総合保険）
火災・落雷・破裂・爆発	○	○
航空機の墜落、物体の落下	○	○
給排水設備事故による水濡れ	○	○
風・ひょう・雪災	△	○
水災	△	○
盗難	×	○
破損・汚損・まがり・へこみ	×	○
すり損・かぎ損	×	○
外来の事故による漏出・蒸発・混合	×	○
虫食い・ねずみ食い	×	○
不特定保管場所における事故	×	○
不特定輸送区間における事故	×	○
加工中、製造中の事故（※①）	×	○

（※①）・・・過失、欠陥による損害、加工作業上に関連した汚損、擦損かぎ損、および電力の供給停止などによる損害は除きます。

※動産評価アドバイザー養成認定講座の受講生向けご案内
※本資料は募集資料として使用できません。

0

れているが、加入した場合は事業性評価料金とＡＢＬ総合保険料は決められた一定の範囲内であれば、都が負担する制度となっている。

このことは、全国に先掛けて画期的なことだった。本来は金融機関による一般のプロパー融資でもこの仕組みが導入されれば、融資を受ける企業にとって大変助かることであり、社会的に見ても有益と思う。東京都は財政的に豊かであり評価料金を負担できるが、プロパー融資では評価料金を銀行や国が負担することはなく、評価料金も保険料金も融資を受ける債務者が基本的には支払う。

あいおいニッセイ同和損保とも、同じ目的の商品を一年かけて開発し、その後取り扱いを開始した。事業性評価についての制度整備は、日々着々と進んでいる。

Ⅳ．事業性評価人材の育成に向けた取組み

事業性評価の実務で肝心なことは、「事業性を正しく評価できる目利き人を育てること」が第一。これこそが銀行員が一番苦手としている分野で、企業への融資条件として「不動産担保と個人保証。あと信用保証協会の保証をつけて下さい」という、誰でも分かるような担保や保証だけを求めてきたわけだ。確かに銀行員が倉庫へ出向き、在庫を見て「これは時価単価いくら。このロット全部で総額何千万円相当」などと見積もることは、小売業のバイヤーでもなく現実的に不可能な話。しかし動産鑑定の実務の根本はこの評価にある。その人材を育成するために当法人は「動産評価アドバ

イザー」「事業性評価アドバイザー二級」「事業性評価アドバイザー一級」という資格認定制度を創設した。

　ABLを正しく理解するための理想的な人材づくりでは、動産評価アドバイザー養成認定講座で一週間の講座を受講し、認定試験を合格後「動産評価アドバイザー」の認定資格を取得するのが第一ステップ。合格者は二〇二二年九月末日で一千二一七人に達している。その資格取得者たちにもう一段上の講座、知的財産、知的資産の講座を受講し認定試験に合格すると、「事業性評価アドバイザー二級」として認定される。これを二〇一六年四月から始めたが、二〇二二年九月末日現在で二七四人誕生している。さらに、この認定者たちに動産評価実査のトレーニングを義務づけ、そのトレーニング、つまり実務研修を五回修了した人を「事業性評価アドバイザー一級」に認定している。

　二〇二二年三月末日時点での修了者が一七人誕生している。新聞にも大きく取り上げられ、認定式には特

事業性評価人材の育成に向けた取組み

「事業性評価アドバイザー2級」から「事業性評価アドバイザー1級」への流れ

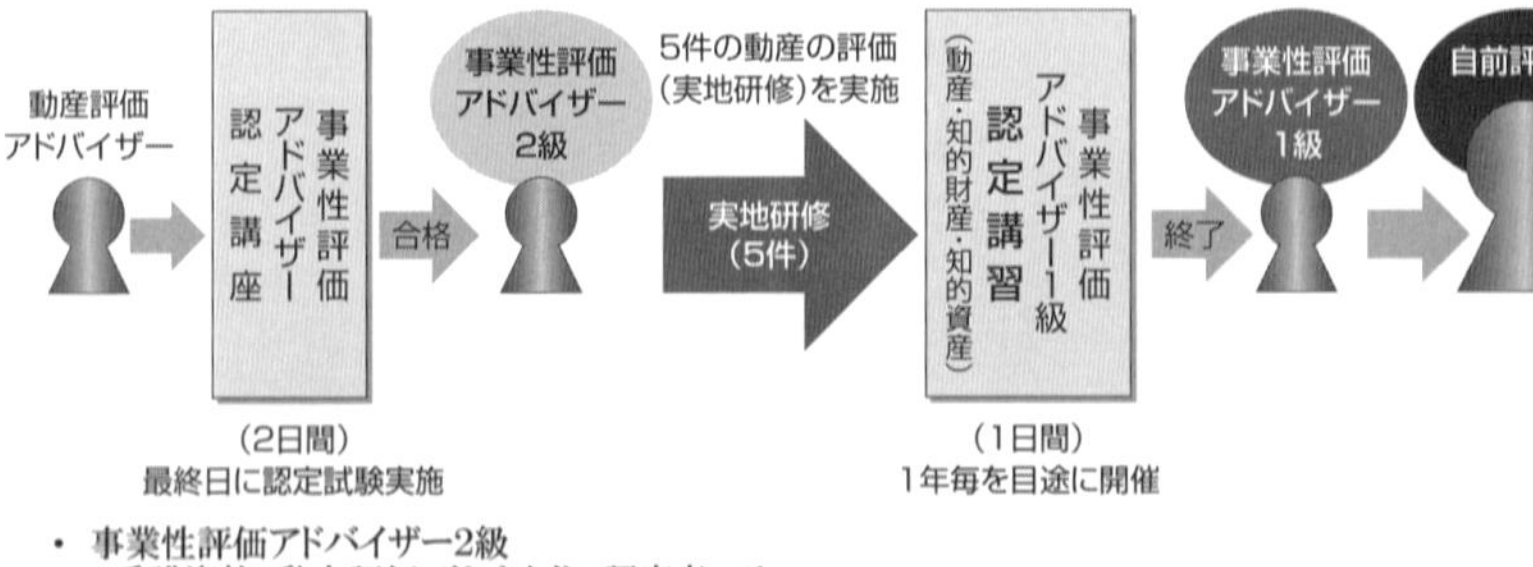

・事業性評価アドバイザー2級
　受講資格：動産評価アドバイザー認定者のみ
　認定：事業性評価アドバイザー認定講座を受講し、認定試験に合格すること。なお、事業性評価アドバイザー2級は「事業性評価アドバイザー1級」の受験資格となる
・事業性評価アドバイザー1級
　受講資格：事業性評価アドバイザー2級合格者のみ
　認定：5件の動産評価の実務研修※1を修了し事業性評価アドバイザー1級認定講習※2を受講すること。　※1…当法人鑑定士が帯同　※2…1年に1回開催

ニッキン　2017年3月31日号

ニ　ッ　キ　ン　　2017年(平成29年)3月31日（金曜日）　（第3種郵便物認可）

アドバイザー1級に10人

日本動産鑑定　自前評価人が誕生

動産・債権担保融資の評価機関であるNPO法人日本動産鑑定は3月22日、東京都内で第1回事業性評価アドバイザー1級認定式を開き、地域銀行関係者10人を初めて認定した。認定者は、外部委託している動産評価業務の一部を自前でできるようになる。

事業性評価アドバイザー1級認定講座の受講対象は、動産評価や売掛債権評価、知的財産・知的資産分野の評価を学んだ事業性評価アドバイザー2級の認定者。取引先企業などで5回分の実査トレーニングなどが求められる。

2級は、2017年1月までに156人が取得。金融機関の事業性評価の取り組みの拡大で、認定講座の受講（動産評価アドバイザー1認定者に限定）も増加している。

1級認定を取得すると、これまで外部機関に委託していた動産鑑定書の作成など、評価業務の約6割を自前でできるようになり、委託評価手数料などが軽減できる。

1級の認定式には、アドバイザーの認定委員長の平尾光司・昭和女子大学前理事長（元日本長期信用銀行副頭取）、田中丸修一・電子債権応用技術研究所代表、志小田貴穂・特許庁産業財産権専門官らが出席。自前評価人としての心構えや評価の注意事項などについて講習した。

久保田清理事長は、「自前評価人として日本の中小企業活性化のため、羽ばたいてほしい」とエールを送った。

久保田理事長（左）から1級認定書を受ける受講者（3月22日、日本動産鑑定）

事業性評価アドバイザー1級認定者	
岩手銀行	2人
足利銀行	1人
東京都民銀行	2人
滋賀銀行	1人
福島銀行	1人
第三銀行	1人
八千代銀行	1人
みなとアセットリサーチ	1人

(注)コード順、3月22日現在

許庁からも出席いただき、自前評価をする上での注意点等につき講義をいただいた。その結果、反響は大きく広がっている。

この一七人の事業性評価アドバイザー一級認定者が、いよいよ評価会社に代わり事業性評価を自前で開始する。鑑定書は作成できないが、鑑定書を作る前段階までの評価ができるようになる点は、画期的なことであり、今後の成長を期待している。今まで金融機関では実際の評価は難しいと言われ続けてきたが、やっと将来に向かっての「評価の内製化」への可能性が拡がったと言えるのではないかと自負している。

岸田内閣は、社員の育成など人材への投資に関する経営情報として「人的資本」の開示を求めている。金融機関の事業性評価人材の育成に向けた経営姿勢こそは、正しく人的資本への投資として重要な開示対象として注目される。

第二章　バブル崩壊を身に浴びて

Ⅰ．二度とバブルは起こすまい

『二度とバブル経済崩壊を起こしてはならない』

これは動産担保融資を世に広めていくうえで、避けるわけにはいかない言葉である。

バブル経済当時の銀行経営の中心施策は〝量の拡大〟だった。不動産担保を中心とした融資の拡大によって、収益確保を目指していた。土地価格は〝公示価格〟も省みずに上昇し、あらゆるものの相場が高騰した。株式、ゴルフ会員権、マンションやアパート、ペンションの経営に精を出した人も大勢いた。当時のことをよく知る方々には、当然の話かもしれないし、あるいは〝つらい、厳しい〟と感じる話かもしれない。

企業、個人を問わず、多くの人々が『一獲千金』を夢み、何も疑わずに投資する。若い人も、誰も彼も、知らず知らずのうちに、イケイケドンドン的なムードに乗ってしまった。今思えば不思議な時代だった。そして、多くの人々が何かしら傷ついているはずである。

かくいう筆者もバブル景気に我を失った一人として自省している。身のほど知らずにもゴルフ会員権を一カ所保有したが、そのゴルフ場は倒産し、会員権が紙くず同様となってしまったのは、ご想像の通りだ。筆者個人の失態も含め、体験者の一人として、バブル再来を強く拒んでいるような気がする。

路線価日本一の鳩居堂本店（東京都中央区銀座五丁目）前は有名だが、筆者の経験した地域のなかでも、一坪（約三・三平方メートル）当たりの地価が二億円まで上昇した場所があった。日本橋の橋のたもとにある店舗だった。

銀座に面した中央通り（銀座通り）には毎夜、立錐の余地なくタクシーが連なって駐車し、飲食店から出てくる客を待っていた。休日は各地のゴルフ場が賑わいを見せ、プレーの予約をとるのも難しく、現代ならさしずめ人気音楽グループのコンサートチケット獲得の困難さにも似た状況だった。しかし、バブルがはじけたとたん、一攫千金の夢は消え、皆が後始末に苦しむようになった。これから述べる、筆者が神谷町支店（東京・港区虎ノ門）の支店長時代の戦いを通じて、「私はもうバブルを起こしてはならない」という気持ちを強く心に刻んだ。

Ⅱ. 〝神谷町〟から起こった悲劇

バブル発祥の地

筆者が神谷町支店長を任されたのは一九九三年五月（現在までに神谷町支店は合併による支店統合で廃止）。旧・協和銀行と旧・埼玉銀行が合併し、あさひ銀行に行名変更した直後のことだった。両行の一体化を促進させるために、交流人事が行われた。旧・埼玉銀行の支店長が旧・協和銀行の支店へ行き、旧・協和銀行の支店長は旧・埼玉銀行へ、というもの。交流人事の第一号として筆者が発令された先が、まさにバブルの真っただ中にあった神谷町支店だったのだ。

この神谷町界隈は新興の街。しもた屋がずらり並んでいたが、いっぺんに素晴らしいビル街に様変わりした。かの東京タワーのすぐ西側の地域で、虎ノ門から神谷町、飯倉、麻布方面に向かう道筋を中心とする開発は、凄《すさ》まじいの一言だった。

後に、神谷町はバブル発祥の地と言われるようになる。それほどバブル景気の影響を受けた土地だった。筆者が着任した時には、取引先企業の約七割は、すでにバブルという〝病〟に侵されていた。

もちろん、苦しんでいる企業を選んで取引したわけではない。地域柄、バブルという大きな渦に巻きこまれてしまった会社ばかりだったということだ。

神谷町駅近くでは「虎ノ門・麻布台プロジェクト」が進行中で新たな街づくりが進む

バブルがはじける前までは、儲け話がたくさんあったはず。土地を売り、その資金を今度は別のものに投資し、また土地を買い…。雪だるま式に〝おいしい話〟の連鎖がおそらくあったのだろう。ところがバブル崩壊で、もくろんでいた通りにはいかなくなってしまった。本業以外に手を出してしまったことがもろに影響し、急速に業況が悪化。世の中の景気も落ち込みはじめ、結局倒産を余儀なくされた会社がたくさん現れ、神谷町に限らず、東京全体がバブル終焉の空気に満ちてきた。

今思えば、神谷町支店の外観は地域柄どこよりも綺麗な店舗だった。交差点の一等地、新しいビルの一～三階、外国人やファッションモデルなどが来店する高級感あふれる店舗だった。ところが内情は、まさに〝戦場〟だった。倒産、夜逃げ、自殺、病気―と、筆者の神谷町支店長だった二年間は、これまで経験したことのない惨状を毎日のように目の当たりにした。毎朝「今日は家へ帰れるだろうか」と案じながら出勤するほどだった。

店舗の開店は九時だが、たいていシャッターが開く前から取引先が相談に来ていた。それから帰るまで延々と相談ごとの連続で、それが毎日続いた。それまでに二カ店の支店長を経験してきた筆者でも、辛く厳しい日々だった。『さまざまな投資に手を出してしまった』、『本業をおろそかにしてしまった』、『本業も景気悪化のため業績悪化』などから、『資金繰りがつかず決済ができない。なんとか融資を受けられないか』というものだ。しかし、この頃は銀行自身も『引き締め』に入っていて、バブル最盛期のように簡単には融資を実行しづらくなっていた。

「担保主義」でおろそかになっていた企業の診断

本音をいうと、「量の拡大」政策を掲げてバブル景気を後押ししてきたのは誰ですか、という思いが筆者のなかにはあった。不動産を担保に取得し「企業さん、どうぞどんどん投資してください」と資金を貸してきた、それも銀行ではなかったか、と。景気悪化のとたんに〝手のひらを返し〟「もう貸せません」では、相談に来た企業家達は死んでしまうではないか。もちろん経営手法にも問題があったかもしれないが、しかし、〝どうぞやってください〟と言わんばかりに投資を勧めたのも我々銀行ではなかったのか。

当該企業を診断し、経営内容を見極め、今後の方向性についてきちんとアドバイスし、そのうえで融資するのが本来の銀行の役目。ところがバブル景気の浮かれた気運のなか、銀行もまた融資先の経営、活動を支援するという本業をおろそかにしていたのも事実だ。

不動産を担保に設定しているから、万が一の場合の資金回収は不安材料が少なくなる。不動産を処分すれば、たとえ倒産があったとしてもその案件による被害は基本的には発生しない。その取引先の担当者や支店長、ひいては銀行本部で審査をする人たちも、責任を取る必要がなくなる。このいわゆる「担保主義」の考え方は、あらゆる金融機関にいまだ強く根を張っているのが現実である。

『もう「担保主義」は卒業しませんか』

動産担保融資の普及にあたり、これも筆者が伝えたかったメッセージの一つだ。企業の保有する動産の価値を正しく把握することは、企業の実態を捉えるうえでも意義深いことなのである。

Ⅲ. 奮迅の日々〜ビジネス・マッチング

ビジネス・マッチングしかできない

『支店長!!なんとかしてください』

必死の形相の取引先から、連日相談を受けた。こちらも真剣に会社の現況などを詳細に聞かせていただき、状況が好転するように、さまざまな提案を行った。ところが、時すでに遅しという状態だった企業が多かった。もっと早くからいろいろな対策を講じていれば軽症で済んでいたが、重症になってしまってからの相談も多く回復が難しい状況だった。

銀行が融資してくれない、資金がなければ仕入れもできない、商売が成り立たない、売り上げが立たなければ倒産するしかない、という図式となる。もちろん、銀行としても融資実行が可能な取引先に対しては可能な限りの支援をしたのも事実だ。しかし、支店長の職にあるとはいえ、筆者も使われる身。本部が『NO』という結論に対して、〝反旗を翻して〟まで融資して回るわけにはいかないのが現実だ。

そうかといって、融資といった金銭面ではこれ以上の支援ができない状況の先でも、大切な取引先を見放したら倒産するしかない、そんな瀬戸際の取引先企業を支援、救う方法として、今でいう『ビジネス・マッチング』の方法をフル活用した。

その当時は取引先の紹介活動という言い方をしていた。取引先同士を連携、提携させて、ビジネスを発生させる手法だ。例えば、Aという会社がある商品を製作しており、一方でBという会社は物販会社で、そのある商品も取り扱っているとする。このA社とB社を引き合わせれば、互いの商売が活性化するのではないか。単純に言えばこういう発想である。

筆者がこうしたビジネス・マッチングの手法を覚えたのは、初めて副支店長となった日本橋支店での経験によるところが大きい。

〝田舎者〟が東京で勤務!!

ここで、筆者の出自に触れたい。生まれは埼玉県秩父郡皆野町。旧・埼玉銀行に入行し、秩父支店、行田支店と、およそ一〇年の間、生まれ育った地から離れずに勤務。今でこそ東京で働くことに抵抗を感じる方も少ないと思うが、四〇年以上も昔のこと。大げさかもしれないが、当時故郷を離れて東京で働くには、大きな度胸と覚悟、決心が必要だった。それほど〝東京〟は遠い存在だった。

『こんな田舎者が東京で働けるだろうか』。初めての東京勤務を命じられた赤羽支店への異動の時は、そういった不安でいっぱいだった。

もちろん、望みを高くして大学へ進学し、大手の優良会社に就職しようという道を志す人もいることはいた。しかしその当時、それはほんの一握りの人に過ぎなかった。多くは自家の商売を継ぐ人たちばかりだった。筆者自身の最終学歴も高卒だが、家業の『機屋』を継がずに銀行員となった。

そんな環境で育ったわけだから、〝家を捨てて〟東京で働くことに、どれほどの決意が必要だったか、想像していただけると思う。

大げさではなく怯える筆者の背中を押してくれたのが、行田支店の吉野さんという支店長だった。（現在も元気で浦和で暮らしておられる）

「東京でとにかく働きなさい。それが久保田さんを大きくするよ」。

現在は、秩父から池袋へは西武池袋線一本で出られるが、昔のことだから電車は遅いし本数も少なく、東京へ行くとなれば一日がかりという、大変な状況だった。当然、実家から通勤することはできない。吉野さんは尊敬できる立派な方でしたが、当時はそう言われても納得できなかった。東京で働くなど無理に違いないからここでいい、と自分で決めつけていたのだ。今考えれば大海を知らない井の中の蛙だったと自省するばかりだ。「とにかく五年間東京で働いてみなさい」と諭され、都心ではなく県境の『荒川』を渡れば埼玉県という東京・北区にある店舗という配慮もしてもらい、赤羽支店へ異動することになった。

笑わないでいただきたいのだが、当時、支店周辺で一番高い建物だった赤羽消防署。その十二、十三階建てのビルを見て驚き、足が立ちすくんだことがあった。それほど田舎者だったのだ。

結果的には吉野支店長の言葉どおりだった将来への道筋を開いていただき、井の中の蛙を初めて大海に飛び出させてくれた当時の吉野支店長には感謝の念を禁じえない。結局、約束の五年が過ぎても、川崎支店、次いで日本橋支店に異動となり、現在に至るまで秩父に戻ることはなかった。

赤羽支店では新規の取引先の獲得を目指し、営業活動にまい進した。はじめの頃は地理も分からず、新規先も開拓できず、〝都会〟に負けそうになった。『自分は田舎者だ』というイメージに負けてしまっていた。支店のすぐ裏にあった赤羽公園のベンチに座り、地図とにらめっこをしながら涙を流したこともあった。今はビルがたくさん立ち並んでしまったが、その頃は公園から遠くの空が望めた。雨が上がり、風が吹き、秩父の山が薄っすらと望める時があった。

目を閉じると武甲山と三〇〇年続く秩父夜祭の屋台囃子（ばやし）、それに合わせる笛の音。そして、冬空を染める数千発の花火……

『ああ、秩父に帰りたいなぁ……』

『どうして東京に来てしまったのだろう』

↑ JR上野駅広小路口にある「あゝ上野駅」の歌碑

赤羽公園の周辺も今は高い→ビルが建ち、遠望は難しい

『新規先はできないし。こんなつもりで来たんじゃないよな』

『でもこれで負けて帰ったら終わりだよな』

交錯するいろいろな思いを胸に、井沢八郎の『あゝ上野駅』という歌を一人口ずさんだ。若い方は馴染みがないと思うが、この歌は、学校を卒業し、集団就職で地方から東京への就職列車に乗って着いたところが上野駅。この上野駅に着いた日のことを思い、苦しくても頑張ろう、という内容の歌だ。もともと歌謡曲が好きで、他にもいろいろな歌を良く歌ったが、特に『あゝ上野駅』は常に私と共にあった歌だった。涙が出るような、心に沁みる歌詞なのだ。余談だが、筆者を知っている方は「久保田さんと言えば『あゝ上野駅』」というほど、それから長く歌い続けた一曲だった。

日本橋支店での出会い

そんな〝田舎者〟が日本橋という都心の副支店長になった。もちろん赤羽、川崎支店と銀行員としての経験も重ね、都会にも慣れ、自信がついてきてはいた。それなりの実績もあげたとはいえ、まだまだ未熟者が、多くの素晴らしい指導者に支えられたことにより、若干三六歳で、日本橋支店という銀行を代表する店舗の一つである店舗の副支店長を任されたわけだ。

それでもまだ、自分が田舎者だというイメージは消えなかった。取引先は一流企業ばかり。高層ビルが居並び、その中で働く人たちもエリートばかりと萎縮もした。自分のような田舎者が、超一流の会社と『どのように取引をしていけばいいのだろう』、『一体何を話したらいいのだろう』などと一週間悩んだ。

そして、思い悩んだ末に、その長く抱えてきた悩みを解決させた。

『もうどうでもいい。よく考えれば皆それぞれの地方からの出身者ではないか』

『どこで生まれたか分からないだけで、東京生まれの人はそう何人もいないだろう』

『都会人らしく見えるけれど、みんな地方の出身ではないか。私と同じ』

そう思い至ったら気が楽になった。それからは、二言目には「私は田舎者ですが」と商談に入っていくようになった。結果的にそれが功を奏したと言える。自分をさらけ出すことで、相手も自然とこちらを受け入れてくれる。日本橋界隈の名だたる企業の方たちと堂々と接することができるようになった。地方出身ということが、逆に武器になったのだ。

秩父という地名もわざわざ出した。不思議なもので、なかには秩父出身者もいた。故郷を同じくする人と巡り会うことで、慰められたり、気持ちが救われたり、勇気づけられる場面も多くあった。自然とふるさとのなまりが出てしまう、それでまた安心感を得るなど、誰しも経験があることだと思う。

たとえ同郷でなくとも、東京の人はたいていが地方から出てきているはずだ。思ったとおりだった。どんな大企業であれ、それを動かしているのは人間である。その人間はみなふるさとを持っている。私は自分の方からふるさとの話を持ち出した。ふるさとの話をされて嫌がる人はいない。皆、懐かしいのである。

日本橋でつかんだビジネス・マッチングのきっかけ

日本橋は日本の中心地の一つ。日本の経済を動かす企業がたくさん存在している。〝田舎者〟を武器にあらゆる会社の方々と接し、また自分でも調べ、数ある企業がいったいどういう仕事をしているのか学んでいった。

例えば、物販会社であれば、商品をどこから仕入れてどこに売っているのか。その商品の原料は何で、どこで取れるものなのか。どうやってその商品の形状を作るのか。何かを混ぜて作るのか。挙げればきりがないが、さまざまな企業の特徴や、世の中のあらゆる商品を覚え、そして商流をつかんでいった。企業との取引、新規開拓に向けて迫られたこの経験が、後のＡＢＬ、事業性評価へと進んでいくことになる。つまり、このことこそ金融仲介機能を発揮するうえで重要なポイントとなる。

さらに、こうして得た知識を礎に、ビジネス・マッチング活動を展開していった。取引先の会社同士を繋《つな》げられるようになった。

例えば、ある会社がビルを建てるとする。セメントや鉄はどこのものを使って、どこの商社を通せばいいか。屋根材やガラスは。電気の配線や防水工事はどこの業者に頼もうか。それらが全部わかるので、日本橋支店の取引先をすべてそのなかにあてはめていった。

また、予算がオーバーしてしまったとすれば、どこに原因があるか見極めた。空調設備にお金がかかっているとすれば、業界一流とは言われてはいないが、性能や技術に問題のない別のメーカーを紹介。「この方法なら安くできますよ」といったアドバイスもできるようになっていった。

水漏れに悩んでいる企業があれば、工事を行う業者を紹介する。新しく工場を作りたいという会社があれば、土地を探すところからお手伝いする。そして、工場を建てるのであれば、建築で発生するあらゆる仕事を日本橋支店の取引先に依頼する。

こうしたビジネス・マッチングを何百件と行った。取引先にとっては、営業支援をしてもらっているような格好になる。単純に預金や借り入れを依頼する方法では、単なる〝お願い〟に過ぎないが、そうではなく、取引先にメリットを付与して喜んでもらい、その結果として必要資金を使ってもらうわけだ。

前述の例でいえば、ビル建設にあたって一

東京の中心地にあった「日本橋支店」のビル（左）

から相談にのれば、その取引先と工事を請け負う業者双方を手助けしているのと同じことになる。『銀行がここまでよくしてくれるのならば』と、初めて融資を受けることになる。ビル建設や水漏れの修理をするとなれば、当然資金が必要となる。そこでまた融資を受けることになる。ビジネス・マッチング活動を通して、新しい融資の需要を喚起してもらうための材料を作っていたのである。

日本橋界隈にはあらゆる企業がある。できないことはない、と言っても過言ではないほど、それぞれの取引先を利用すればどんな仕事も可能だった。門田さんという海外経験豊富な素晴らしい上司の下で、ある企業の海外進出を支援したこともある。逃げず、動じず、部下の面倒をしっかり見る立派な上司だった。今の筆者を作ってくれた門田さんにも今でも感謝してやまない。

そうした紹介活動を通じて多くの会社、人物を知っていった。銀行員時代を経てドン・キホーテへ移り、さらに、日本動産鑑定を設立。二〇二二年一〇月で一五年を迎え、筆者が頂戴した名刺の数も三万枚を越えるほどになった。

教訓めいた話になるが、名刺は〝宝物〟だ。名刺を何枚持っているかによって、人をいかに知っているか、商売がどれほどできるかを測れる物差しとなる。支店長を任されてからの新規先の獲得に、バブル崩壊に苦しんでいた神谷町支店のお客さんを救う際に、また、ドン・キホーテに出向してからも、大事にしていた人脈が何度も活かされてきた。そして現在、日本動産鑑定で事業性評価を普及させるためにもつながる。名刺はまさに〝宝物〟なのだ。

「倒産しますよ」「それでもいい」…なぜ、本業支援の大切さを理解できない！

日本橋支店で覚えたビジネス・マッチングの手法を、神谷町支店でも用いた。

しかし、目的は異なる。取引先を生き返らせるためだ。このままでは一カ月、一週間と命がもたないような会社がたくさんあった。銀行が融資を引き締めているため、資金手当ても満足にできない取引先も多くあった。手をこまねいて見ているだけでは倒れてしまうので、苦肉の策として、販売先の紹介や仕入れ業者の選定など情報提供を行っていった。

銀行員経験のない方にはなじみの薄い話かもしれないが、銀行というのはある一定条件内であれば、支店長権限で融資実行が可能だが、その条件を越えた案件に対しては、本部の認可を得ない限り融資を実行することができない仕組みがある。

バブルが弾けた直後のことなので、平常時であれば承認が下りるであろう案件も、なかなかGOサインが出なかった。筆者は支店長として、何度も本部と交渉を重ねた。七時間にも及ぶ長丁場になったこともある。

「この会社は、今でこそ業績が悪いが、こういうビジネス・マッチングを活用することで、売上も収益も改善することが可能となる。なんとか資金を出すことを了解してください」

「支店長、お前がそう思っているだけで、こうした先に融資したら誰が責任とるんだ。お前が責任取るんだぞ」

いくら具体的に業績回復への再建計画を示しても、理解してもらえない。必ず回収できるからと説明しても、信じてもらう術はなかった。

「じゃあ倒産しますよ」

「それでもいい」

「本当にそれでいいのですか」

というようなやり取りが本部の審査所管部との間で繰り返された。

「この取引先を育ててきたのはうちの銀行でしょう。いざとなったら銀行側の保全のためにやすやすと手を切ってしまう、それは本来の銀行の在り方とは違うのではないですか。ちゃんと資金を提供して立ち直らせましょう」

何度主張しても、本部は「そんなにうまくいくはずがない」と机上の審査のみで判断を下されてしまう空しさに、何度となく胸を締め付けられる思いだった。

本業支援の大切さはいつの時代でも変わらないはずだ。

「在庫が担保に取れれば…」

それこそ「担保があるのか」と言われてしまう。担保があればここまで苦労しているはずがない。企業に出向き、在庫の数々を横目に「これが担保に取れれば」と思ったことが何度となくあった。

もちろん動産を担保に取ることがまったくなかったわけではない。実際、担保に設定していた絵画を処分して、数百万円の資金を回収できたこともあった。しかし、その動産担保があるからといって融資額が増えるような発想はない。

動産を担保設定する際には占有の問題が生じる。例えば家具や工作機械を担保に取ったとしても、自分の銀行に持ち帰るわけではなく、それらが知らない間に売却されてしまっていても分からない。

登記ができなかったので、担保の二重設定も起こりえる。自分の銀行の担保だと思っていた物がいつの間にか他の銀行の担保にも取られていて、いざというときにトラブルになってしまう。これもよくある話だった。

それでも絵画なら銀行側で占有することも可能だが、室温や湿度等しっかり管理しておかないと絵の価値が下がるという難しさもあった。

いろいろな問題点があって、動産を正式担保として用いることはできなかった。不動産のように「適格担保」にはならなかったのだ。気休めの意味をこめて「添え担保」や「見合い担

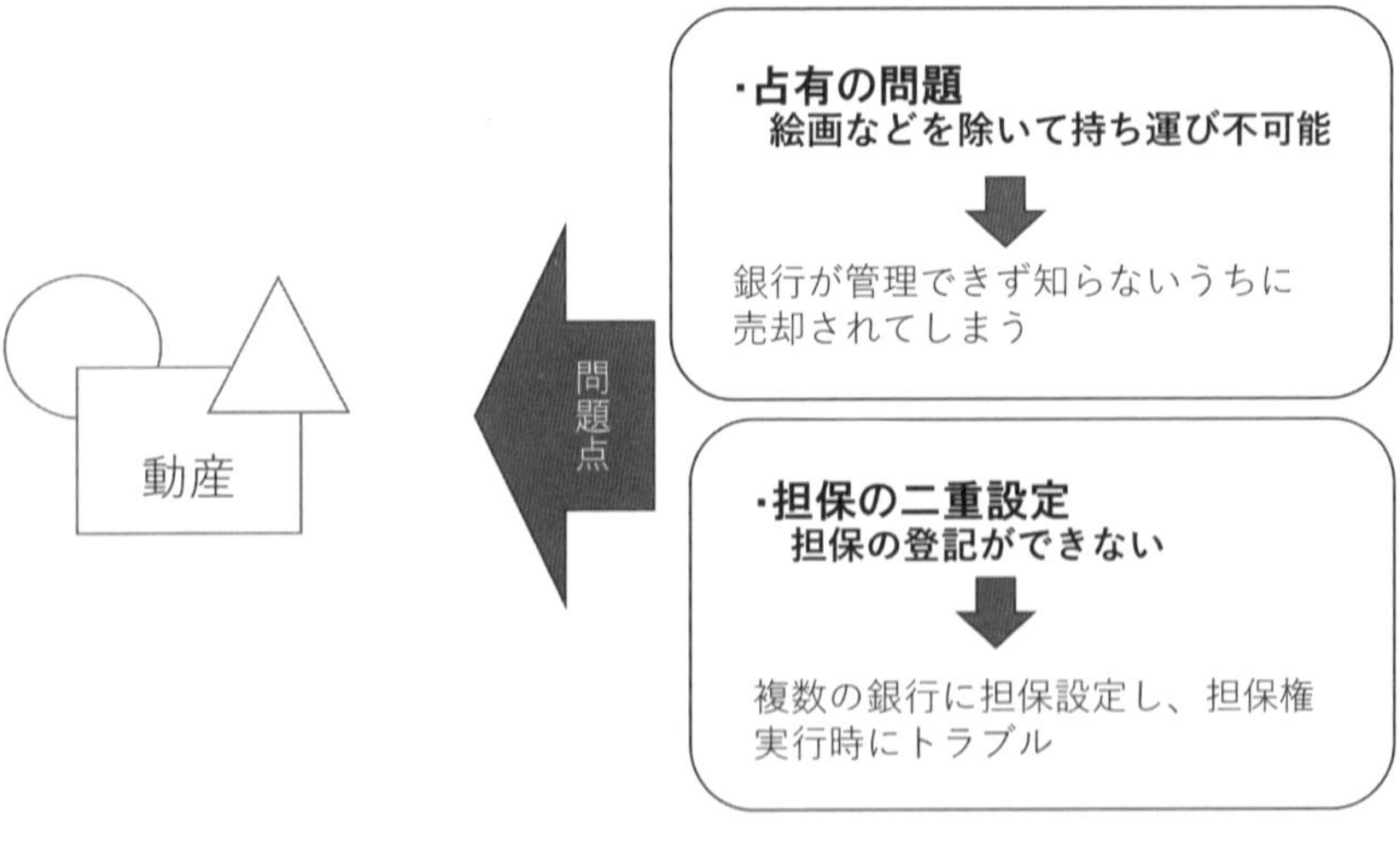
動産
問題点
・占有の問題
絵画などを除いて持ち運び不可能
銀行が管理できず知らないうちに売却されてしまう
・担保の二重設定
担保の登記ができない
複数の銀行に担保設定し、担保権実行時にトラブル

保」という呼ばれ方がされてきたのはそのためだった。

たとえ動産を担保に融資することを本部に提案しても「そんなものが担保になるものか」と却下されてしまった。不動産も株式担保も限度いっぱいまで使っていて、もう担保にするものがない会社ばかりだったのである。融資することを本部にどのように理解してもらうかに苦心した。担保がなければそれ以上の融資ができないのが実態だった。

ある社長の死

日を追うごとに、倒産を余儀なくされる会社が次々と現れてきた。そうした企業への本部への融資申請では、物凄い心の葛藤があった。まれに融資の稟議が通るものもあったが、幾度となく本部との交渉を繰り返しても、ほとんどの案件は認めてもらえなかったのが現実だ。

取引先に「申し訳ありません。努力したのですが、私の力もここまでです」。苦渋の決断でそう言わざるを得ない場面もたくさんあった。それでも、ビジネス・マッチングに尽力し、できる限りの支援をした。本業の支援での生き残りに最後まで闘い続けた。しかし、取引先は倒産、社長は自殺、結果、社員は逃げてしまう、事実をそのまま書くわけにはいかないが、大変な闘いの日々だった。

ある取引先の事例を述べるが、TVドラマの「半沢直樹」の比ではないような闘いが続いたのだ。業暦二〇年、従業員一〇人弱、海外から木材を仕入れている輸入業者の話。この企業もバブル経済の気運に乗り、自社の財務を省みずに過大投資をしてしまった企業の一社だ。マンション購入や自宅の新築などオーナーの公私混同もあり、借入れ過多に陥るに至った。

筆者がこの企業の案件に着手した時には、既に資金繰りが悪化しており、一カ月後の支払手形決済を乗り切れそうもないという深刻な状態だった。新たに融資できるような財務内容ではなく、資金を得るために残された道はすぐさま材木を売却すること以外になかった。

そうした折、ちょうどアフリカから船一艘の木材が日本に届くとのことだった。

『買い手が見つかれば、決済を乗り越えられる』。

そこで、運よく大手の木材建築会社（日本橋支店時代に親交を深めた大手企業）を紹介できたのだ。月間八千万円もの購入が即決された。まさに天の助けだった。このマッチングにより売り上げは好転、会社は倒産を免れた。この調子で一年間続ければ、あさひ銀行が融資していた資金の返済もできる見通しが立つほど、業績が回復したのだ。

しかしながら、結局この取引先からの資金回収は全額できずに終わった。社長が病気で倒れてしまったのである。社長には、日頃から財務内容に限らず、言いにくい健康面についての助言もしていただけに、残念でならない。亡くなった社長のご夫人やご子息にも事業を続けるべくアドバイスをしたが、結局、継承者が育つことはなかった。

このような例が連日のように続いたのだ。


銀行はかかりつけの主治医でなくてはならない

銀行は通常、融資ができなければ「できない」と言うだけである。業績と財務内容から判断して、ただ断るだけだ。しかし、本当にそれでいいのか―というのが、筆者が持ち続けた葛藤だった。だから本部と闘い、それでも融資申請が通らないとすれば、最後の手段としてビジネス・マッチングの実現で、売り上げ増加による資金繰り改善を図ったのだ。

集めた資金を万民に融資し、事業、商売の活性化を支援していくのが本来の銀行である。取引先の経営者が仮にも間違った経営をしているのなら、それを正さなければならないし、成果がおぼつかない投資をしようとしていたら、指導しなければならないのが銀行である。世の中の景気が良いときにだけイケイケドンドンとばかりに融資をして、バブル経済がはじけた途端に『もう貸せませんʼ』では銀行の信用は失墜してしまう。現在も銀行は、収益拡大のために外聞のいい各種投資商品の販売による手数料収入に偏重した施策で、「やるべき本来業務を疎かにしていませんか」と問い掛けしたいのが、いつわらざる気持ちだ。

「銀行は聴診器を首から下げた〝かかりつけ医〟であり〝主治医〟でなくてはならない」と私は教えこまれ、現代のようにＭＲＩ（磁気共鳴画像）などがない時代には、胸や背中に聴診器をあてるだけで病名を探ることができる名医が多くいた。銀行員もそうでなくてはならないのである。経営者の顔色や言葉、商売の内容を見聞きするなかで、その会社の患っている病気や怪我を察していかなければならない。会社を診断しアドバイスしなくなってしまったら、銀行の意味が失われてしまうことになる。

銀行員もサラリーマンだから転勤がある。いつまでも一つの支店に在籍しているわけではない。

限られた年数のなかで、自分が選んだわけではなく、既に他の行員が取り掛かっている案件と向かい合っていくことになる。

神谷町支店の取引先は、全体の七割が〝バブルという病〟に侵されていた。生き返らせようにも蘇生の時間も残されていないような会社ばかりだった。いくら本部と闘っても融資の承認が下りない。『融資したとしたら支店長の責任だ、すぐクビだからな』とまで脅される始末だった。

本音で言えば「自分でやった仕事じゃねえよ、誰がやったんだこれ」と言いたくもなった。しかし、それを言ったらおしまいだ。自分が引き継いだ取引先について、良い会社ならさらに伸ばし、傾いている企業ならその傷を治していく責任がある。仮に元の状態に戻らなかったとしても、どうやって傷を最小限にとどめるかを常に考えながら取引先と接していかなくてはならない。怪我人や病人を見捨てるような医者であってはならないのだ。

神谷町支店時代のこの苦しい体験があったからこそ、一〇年後のドン・キホーテ時代になって動産担保融資の仕組みをひらめくことができたのだと思う。

Ⅳ．上野駅ホームで立ちすくみ

ここは戦場か？

倒産。夜逃げ。自殺。重い病。胃潰瘍。

繰り返すが、大げさではなく、まさに『ここは戦場か!!』と錯覚するほどの惨状を毎日目の当たりにした。

取引先の悩む姿を見続けた。前述の外材輸入業者のように、社長が亡くなってしまったり、社員が逃げ出し、いなくなってしまうこともあった。

筆者自身も『今日は家に帰れるだろうか』と案じながら出社する日々だった。一〇〇社、二〇〇社と、資金繰りに苦しむ取引先の相談を受けた。多いときは一日一〇社、少なくとも五～六社の取引先と日々共に闘った。取引先の社長と一緒に本部に出向き、融資への理解、説得を試みたこともあった。

本部と闘い、取引先と苦しみ、一方ではビジネス・マッチングによって企業を生き延びさせることもしていたわけだ。まるでコロナウイルス感染症に立ち向かう医療関係者のようだった。

それでも倒れてしまう会社も多くあった。頭のなかは常に取引先企業のことでいっぱいで、夜も簡単には眠れなくなってしまった。

もちろん悪い出来事ばかり起こっていたわけではない。

筆者の息子が高校野球で〝甲子園〟に出場、という良いニュースもあった。

一九九四年のことで当時、息子は高校二年生。浦和学院高等学校（埼玉県）野球部の外野手として、夏の甲子園　全国高校野球選手権大会に出場した。

こんなことでも何かの力になればと思い、野球の好きな取引先には息子が甲子園に出場することを話した。ありがたいことに、一緒になって応援することができた。商売は大変だけれども、これも〝景気づけになる〟と思ってもらえたようだった。取引先も筆者も元気づけられたのだった。ひとときの癒しとして息子に救われた格好となったが、一九九四年から一九九五年の年末年始にかけて、ますます厳しい状況に追い込まれることになった。倒産する会社もどんどん増えてきた。

駅のホームの柱に頼る日々

本部との交渉で疲れ、取引先の惨たんたる姿を目にし、自分の力のなさに葛藤する日々。いくら若くて頑丈な体の営業マンでも、気持ちが滅入ってくる。

そのうちにノイローゼ気味になってしまったのか、ホームで電車を待つ間、黄色い線から前に出られなくなってしまった。

自宅は北浦和（埼玉県さいたま市）なので、店舗のあった地下鉄日比谷線・神谷町駅から乗車し、上野駅でＪＲに乗り換えて帰宅していた。

上野駅のホームに電車が滑り込んでくる、その騒音や空気を体が素直に受け入れられなかった。自殺しようなどと考えてもいないのに、走ってくる電車に吸いこまれ線路に落ちてしまいそうな、おかしな感覚だった。

頭は取引先のことばかり考えていて、ぼうっとしていた。そこに突然電車の音が耳に入ってきて、パニックになってしまう。裂くような風と音に、頭のなかが真っ白になった。怖いような、とても嫌な感覚だった。

そのまま体が持っていかれ電車に飛びこんでしまいそうで怖ろしく、ホームの柱につかまって電車のドアが開くのを待つという状態が数カ月続いた。

辛い日々にさらに追い討ちをかけるように、筆者の父親が死去し、地下鉄サリン事件が起こった。一九九五年三月のことだった。

V．地下鉄サリン事件、その日の記憶

五日延びた葬儀

一九九五年三月二〇日、オウム真理教の信者たちによってテロ事件が引き起こされた。東京の地下鉄に猛毒の神経ガスサリンが散布されるという事件。『地下鉄サリン事件』である。

サリンのまかれた地下鉄路線の一つである日比谷線は筆者が通勤に使っていた。犯行の時間帯は通勤時間と重なり、サリンの置かれた車両もまさに私がいつも乗っていたあたりだった。

普段どおり通勤していれば、私も被害者となっていたかもしれない。

実は事件の八日前の三月一二日に、父親が死去していた。しかし、自宅近くにある葬儀場の予約が取れず、すぐに葬儀をすることができなかった。

葬儀ができたのは、死去してから五日後だった。翌日はもう週末だったので、役所へ行って死亡届や年金受給の廃止手続きなどをすることができなかった。お世話になっていた老人クラブへの挨拶も済んでいなかったので、葬儀が終わって最初の平日に休暇をとった。

それが三月二〇日の月曜日だった。

普通なら葬儀が五日も延びることはない。一週間あれば後始末も終えて、事件の日には日比谷線に乗って出社していたはず。

ところがその年は葬儀場が空いていなかった。春なのに寒い日が続いていて、亡くなる人が本当に多かったのだ。そして、たまたま週末を挟んでしまったせいで、月曜日に休暇を取ることになった。延ばそうと思って延びたわけではなく、偶然が重なって一週間もかかってしまったのである。

それが筆者の命を救った。

役所が開く九時を待ちながら、仕度を終えて、テレビのニュースを見ていた。すると、すごい事件が起きたという速報が入ってきたのだった。

救急車、消防車、パトカーが唸りをあげ、虎ノ門や霞ヶ関という言葉が聞こえてきた。神谷町も被害にあっていると伝えていた。交差点とともに神谷町支店もテレビに映った。

初めは何が起こったのか見当もつかなかった。サリンとは、いったい何なのか。数分テレビを見ているうちに、次第に分かってきた。

『大変なことになった、もしかしたら行員も被害に遭っているかもしれない』と思い、すぐさま支店に電話を入れた。電話口では、ニュースの通りの状況だと伝えてきた。

「行員はみんな出社できたのか」

「三人来ていません。たぶん電車が遅れて来られないんだと思いますが、なんの連絡もないのです」

父親の方は後回しにして、これから銀行へ向かうからと電話を切った。

ワイシャツに着替えネクタイを締めている時に、支店から電話がかかってきた。

「三人出てきました。大丈夫でした!!」

胸をなで下した。大変なときに休んではいられない、という思いもあったのだが、営業の方は大丈夫ですからと副支店長に言ってもらったので、当初予定どおり役所へ出掛けた。

筆者はたいてい八時五分～一〇分頃に出社していた。サリン事件もまさに八時過ぎに起った。筆者が休暇中だと知らないお客さんのなかには、心配して支店に電話をいただいた方も何人もいたそうだ。一緒に苦労している取引先のお客さんも、私が死んだら困ると思った人がたくさんいた。

妙な話になるが、父親が導いてくれたのかもしれない。

『バブルがはじけて苦しんでいる人たちを前に、お前が死んだり、万が一のことがあったら、サリンではなくバブルで死んでいく人がたくさん出てきてしまうだろう』。父はそう考えて筆者を事件から遠ざけてくれたのかもしれない。

銀行が融資を実行することはなかなか難しかったが、仕入れ先や販売先を一生懸命紹介することで、活性化できた会社もたくさんあった。立ち直った企業も出てきた。

見えない糸で導かれ、サリン事件の被害を避けられたのか。取引先も、神がかり的だ、と皆さんがそう思ったようだ。「久保田支店長、これは凄いことだね。お父さんが一緒になって我らを救ってくれたんだよ」。そう言われた。

神谷町支店のすぐ真下の地下鉄駅で起こった事件。多くの人が病院にかつぎこまれたという話は聞いたが、取引先も行員も筆者も無事だった。よく皆被害に遭わなかったものである。

サリン事件は筆者にとって忘れられない出来事となった。

バブルを再び起こさないために

神谷町支店の後、上野、立川の二支店長を経て、ドン・キホーテに移ることになるが、神谷町時代ほど苦しい経験は後にも先にもない。バブル崩壊後の辛い状況や、銀行のしてきたことの裏表。知識ではなく体験として、中小企業や取引先の経営者の生き方を見てきたからこそ、心の底から「二度とバブルは起こしてはいけない」と思う。

「動産担保融資」は、極力バブルの二の舞を踏まないようにしなければならない。バブル時代があったという歴史をよく分かったうえで、これから動産担保を活用していきたい。そしてその先は売掛金評価、知的財産・資産評価を取り入れて、現在の事業性評価の推進へと繋《つな》がっていくことを理解して欲しい。当時から、動産の次は売掛金、その次は知財評価へと目標に向っていた。

そして、その先にある『自前評価』という大きな金字塔のために…！

本書も、そこに気付いて読み進めていただきたい。銀行で身を投じて戦い、ドン・キホーテという小売業に出会えたからこそ、今回の発見へ至ることができた。

現在も、国も一緒になり動産のみならず、売掛債権、知的財産を含めての活用が進められている。

そのことについては後章で触れるが、ここでは過去に発表された新聞紙面のニュースで知っておいて欲しいものを紹介させていただく。まずは経済産業省主導で二〇〇七年六月に設立された「ABL協会」がある。協会設立の目的は動産担保融資に伴う「動産担保」自体の評価基準の明確化や評価を行う「鑑定士」の養成等を通じた動産担保融資の円滑な運営に寄与することとされている。金融庁も、二〇〇七年二月一六日に金融検査マニュアルを改訂し、そのなかでは「動産担保」を一般担保として位置付けている。銀行融資では一般的な不動産担保も、金融検査マニュアルではこの「一般担保」として取り扱われており、動産担保が不動産担保と同レベルの保全措置であると金融当局が認識するようになったといえる。さらに、政府は二〇〇六年一二月二六日に「再チャレンジ支援総合プラン」をまとめ、このなかで、個人（本人・第三者）保証や不動産担保に過度に依存しない融資を促進していく観点から、動産・債権といった事業資産を担保とする融資（ABL）について、流動資産担保保証制度を創設する、とした。

このように、動産担保融資が浸透する環境が日々整いつつあり、その仕組み作りの一部の役割を筆者、当法人が担わせていただいてきたわけだ。この取組みを推進していく過程で責任の重さを痛感していくようになった。と同時に神谷町支店の取引先も含め、過去お付き合いをしてきた中小企業の社長さんたちに後押しをされているようにも感じるようになった。

動産担保融資がやがて世に浸透し、筆者の名前をどこかの片隅で見つけた時、「ああ、あの久保田さんがやってくれたんだ。俺たちのことを見捨てなかったんだ」と喜んでもらえる日が、来るのではないかと思い、今も闘い続けている。

その後金融検査マニュアルは二〇一九年に廃止となるが、不動産担保や保証人に過度に依存しない取組は引き続き強化され、いよいよ事業成長担保化へと、新たな金融政策が進行していくこととなる。

第三章　ドン・キホーテの〝隠れた〟ノウハウ

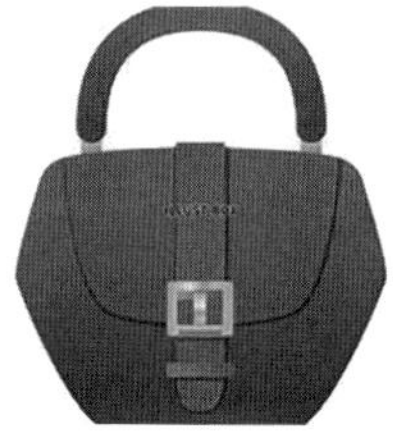

Ⅰ．「ドン・キホーテ」との縁

「目利き人」の存在

ドン・キホーテは、商品の実売可能価格にいかに迫り、いかに安く顧客に提供していくかを追求している小売業である。ＡＢＬの発想に気づいた当時の店舗数は、約一三〇店舗弱、一店舗あたり四万〜四万五〇〇〇のアイテム数を揃え、全国的に営業を展開していた。商品のうち約六割は定番品、つまりリピート商品群が占める。残りの四割はスポット商品、日々入れ替わる流動的な品々になる。「より便利に」「より安く」「より楽しく」をテーマに、つねに目新しく変化する「買い場」（ドン・キホーテでは利用客の立場に立ち「売り場」を「買い場」と呼ぶ）を演出している。熱帯ジャングルを思わせる「圧縮陳列」を駆使し、来店するたびに発見がある、動画としての買い場が作られている。これをドン・キホーテでは「サムシングニュー」と呼んでいた。

ドン・キホーテの実態については創業者である安田隆夫氏の著書『流通革命への破天荒な挑戦！』『ドン・キホーテの「四次元ビジネス」』『ドン・キホーテ　闘魂経営』に詳しく書かれており、本書では動産担保融資にかかわる部分を中心に話していきたいと思う。

実売可能価格に迫り商品を買い取り、安く売るということは、安く販売しても利益がでるように商品を仕入れることができるということ。つまり、しっかりとした商品の評価ができるということである。

では、読者の皆様、よく考えてみてください。

儲けが出る価格で買い取り、相応の値段をつけて売るには、世の中にありとあらゆる商品の価値を見極められる人材がいなくてはならない。その役割を担うのが、ドン・キホーテの『目利き人』と呼ばれる人達だ。それでは、彼らが実際には買い取らなくても、買い取るつもりになってある商品群を品定めしたらどうだろうか。

実はこれこそが当時の〝発見〟の大きなポイントだった。

前章で述べた銀行支店長時代の経験と、目利き人達の「動産評価能力」との出会いがあって、はじめて動産担保融資の仕組みに思い至ることができたわけである。銀行と小売、どちらか一方だけではこの発見に繋がらなかったと思う。

ドンキとの巡りあわせ

私が銀行支店長を終え、ドン・キホーテに出向したのは一九九九年七月のこと。その後、銀行からドン・キホーテに転籍し、八年間の勤務となったが、実はドン・キホーテという会社を知ったのは出向するわずか三カ月前のことだったというのも事実だ。

ただ、ドン・キホーテとは、それ以前に不思議な出会いがあった。

今にして思えば、息子に買い物を頼まれたのが縁の始まりと言えるかもしれない。第二章で触れた、甲子園に出場した息子である。この頃はもう大学生だったが、相変わらず、日々野球に取組んでいた。大宮市（埼玉県、現・さいたま市）にあるドン・キホーテでジャージを買ってきて欲しいと頼まれたのだが、筆者はドン・キホーテがどんな会社かも知らなければ、店舗を覗いたこともなかった。

「そんな店、行ったことないけど…」

「いや、あそこ安いんだよ」

と言われ、妻と二人で行ってみた。

店内はまるであの〝アメ横〟状態だった。物が天井からぶら下がっていて、目当ての品物も見つからない。実のところ嫌になってしまい、「ここで買わなくてもいいのではないか」とも思ったが、妻に『せっかく来たんだから』と諭され、仕方なく店員さんを探した。店員さんもなかなか見つからなかったが、やっとのことで見つけ、ジャージを買うことができた。

まさか自分がそのドン・キホーテの業務本部長になろうとは、その時には夢にも思っていなかった。それからわずか三カ月後、銀行本部からの要請でドン・キホーテに出向することになった。「えっ！　あのドンキ！」と驚いたのは今でも忘れない。

そして、まさにそのために来たかのように、『銀行経験者』と『目利き人』達の能力が出会い、動産担保融資の仕組みをひらめくことにつながったことになる。縁とは不思議なものだと思う。

Ⅱ. オンリーワンの買い取りノウハウ

「目利き人」との出会い

一九九九年にドン・キホーテに出向し、二〇〇一年に転籍して取締役に就任した。どのような要望があって銀行に要請があったのかは分からないが、ドン・キホーテに来てからの筆者の主な仕事は財務面の管理だけではなかった。実は前章でも述べたビジネス・マッチングも、事業拡大をしていくための大事な仕事の一つだった。商品を売りたい先とドン・キホーテのビジネスを出会わせる、ドン・キホーテの側から言えば仕入れ先をいかに増やすか、というマッチング活動である。

出向した当時、ドン・キホーテにはまだ一九店舗しかなかった（二〇二二年三月現在ではグループ全体で六〇〇余店）。ちょうど全国展開を始めていこうという時期だった。北海道から九州まで店舗を持つとなれば、関東圏だけで仕入れるよりも全国的に取引先があった方が都合がよくなる。

そこで、ドン・キホーテの取引銀行に商品の仕入先の紹介を依頼した。銀行は全国に支店を持っており、それぞれの支店の取引先を北海道から九州にかけて紹介してもらった。その数は約一千八〇〇社（最終的には二〇〇〇社）にものぼった。当時、その中から二〇〇社近くの会社と取引することになった。マッチングした一連の活動の中で、目利き人達との『至福の出会い』を経験することになった。銀行員時代の思いと彼らの動産評価能力、ふたつの礎が作られたが、そこに「動産担保登記が可能」とのニュースが耳に飛び込んできた。

最初は筆者も「どうやら目利き人と呼ばれるすごい眼力の持ち主たちが当社にはいるらしい」という程度の認識だった。ところが、ドン・キホーテの組織変更によってその目利き人部隊が筆者の部署に編入してきて、一気に彼らが身近な存在となった。法改正のニュースを聞くわずか二カ月前のことだった。

今思えばすべてが何か見えない糸に導かれていたように思う。後段で詳しく述べるが、筆者の経歴だけではなく、ドン・キホーテ社員の中にも、まるで今回の発見のために人生を歩んできたかのような不思議な経験を持つ人達がいた。

組織変更以前、ドン・キホーテの本社は東京・江戸川区の西葛西《にしかさい》にあった。『一括商談本部』というスポット商品を仕入れるための部隊が、筆者が出向する約一年半前に営業本部内に立ち上がっていた。いつでも発見のある買い場、ジャングルを想起させるような動画としての店舗を作るための、流動的な商品を仕入れる本部であり、彼らが動産担保融資の仕組み作りを進めていくうえでなくてはならない存在、目利き人だった。

筆者は業務本部長であり、当時は直接彼らの上席に立っていたわけではないが、先に述べたように、銀行を通じた仕入先の紹介を、一括商談本部にも実施していた。

銀行から紹介してもらった企業に、一括商談本部の目利き人を引き合わせ、目利き人達はその会社の商品を買い取れるかどうか判断していた。

二〇〇五年六月、本社が東京・新宿駅西口に広がる新宿新都心地区に移転し、それに伴って大幅な組織変更があった。それは、私が法改正のニュースを初めて耳にするわずか二カ月前のこと。一括商談本部が「パートナーサポート部」と名称を変え、営業本部から筆者のいる業務本部に移ってきた。もともと業務本部は総務、財務、主計の三組織からなる本部で、そこに仕入先の開拓を専門にするパートナーサポート部が新たに加わったことになる。

それからの三カ月間、ドン・キホーテの目利き人のすごさを今まで以上に理解することになった。そのときは動産担保の「ど」の字も頭になかった。営業本部に所属していた彼らが自分の本部に来たので、話をしたり、情報交換する機会が増え、一から十まで色々な話を聞くにつれ、彼らの動産に対する眼力のものすごさを肌で感じていった。

自然と〝発見〟への土台ができあがっていったわけである。振り返ってみると、動産担保融資のためにすべてが動いていたような感覚だった。ところが、まだ当時は「(TVの)『なんでも鑑定団』に出ればおもしろいね」くらいしか、考えが至らなかった。

目利きのノウハウ

パートナーサポート部は商品の仕入先開拓を専門にする部署。もちろん、スポット商品の仕入れも含む。

銀行を通じてビジネス・マッチングをしていると、仕入れ先企業だけではなく、スポット商品の情報も入ってくる。例えば、「後継ぎがいないのでもうやめたい」とか「経営者が病気になったので、在庫を全部売却して暖簾《のれん》を下ろしたい」など、そういう会社があれば、ドン・キホーテの目利き人達はその商品が買えるか買えないか、いくらで買い取れば利益が出るかを見抜くことができる。

適当に判断しているわけではない。例えば衣類ならば、ブランドや季節、流行はもちろんのこと、商品の匂いをかいでみて店頭に置かれていた時間がどのくらいだったかまで見極められるのだ。

「この匂いは相当長く棚に置いてあったものです。だから商品としては価値が落ちてます」。

素人の私がいちいち驚いてしまうようなことも、彼らに言わせれば「当たり前」の業務であり、筆者が「はあ、すごい」と感心すると、「こんなの普通ですよ、本部長。みんなやってます」と言われてしまう有様だった。

「四月から新しい商品が発売されるので、この化粧品は三月までに売り切らないと売れなくなってしまう」、「二億円分の量があるけれど、トラックやフォークリフトで運ぶのに費用がかかる」、「コストをかけて運んでも、何割かは売れ残って捨ててしまうかもしれない」、「あまり売り上げが見込めないから五〇〇万円でしか買い取れない」。

このような動産鑑定能力を持った目利き人たちが、当時のドン・キホーテには二〇〇～三〇〇人在籍していた。

スタッフは皆一軒の商店主

目利き人たちは一体どこでその眼力を培ったのか。

その答えは、ドン・キホーテ独自の人材育成制度である『スタッフ商店主システム』にある。

同社は、入社二、三カ月の社員に売り場を一任するスタッフ商店主システムを採っている。簡単に言うと、同社内に○○屋さんという商店を無数に作り、それぞれの店舗の買い場がひとつの独立した店舗であり、買い場を任されたスタッフたちは皆が一軒の商店主となるわけで、仕入れ、陳列、値段をつけることもすべて自分でやらなければならない。

大変なことのように思われるが、実はどんな社員も〝仕入れ〟は大好きなのである。それもそのはずで、いくらでも好き勝手できるわけではなく一定の与信枠があるものの、会社の資金で好きなものを買える権限を与えられるのだから。

例えばテレビで見た面白そうな商品を仕入れる。街を歩いていてたまたま目にした商品を自分の買い場にも置いてみる。こんなことができる会社は他にはないと言っても過言ではないと思う。好きなものを仕入れ、粗利益を考え値段をつけて売る。それを入社わずか二、三カ月のスタッフが行っている。

この話をすると、それでは「仕入れに失敗したらどうなるんだ」と思う方も多いのではないか。売れないものをたくさん仕入れてしまったらどうするのか、と。それは当然の疑問である。

普通の流通業は、店頭に立っている人が仕入れを担当するということはない。大手スーパーでも、本部の人の仕入れたものが売り場に渡されて、現場の店員はただ売るだけ。ところが、ドン・キホーテの場合は、現場の人間が本部を利用して自分の欲しい商品を買う。先ほど述べたように、本部には仕入先開拓を専門に行う部署がある。現場の〝商店主〟たちは会社に斡旋してもらった仕入先を使って、それぞれのお店を営むわけだ。

商店主の判断によっては、利益が出ないどころか、大損をしてしまう可能性が当然ある。ドン・キホーテはそれを承知のうえで、仕入れ権限を現場に与えている。それが彼らのやる気を起こさせている。つまり実績による昇格、降格が常に行われる人事制度を採用していた。自分の仕入れたものがよく売れて利益が出れば昇格するし、売れ残って利益がでなければすぐさま降格になってしまう。年齢や経歴はまったく関係ない。厳しい実力主義である。

だから、それぞれのお店の人たちは常に目をらんらんと輝かせて戦うことになる。自分をどんどん追い詰めながら、商品を見極める眼を磨いている。ドン・キホーテほど徹底した実力主義を採っている会社は他にはない、と断言できる。

この人材育成システムが、目利きの達人たちを生むことになる。

もとを正せば、それは今のドン・キホーテを作りあげてきた安田隆夫氏のＤＮＡに他ならない。著書を読んでいただければわかるが、安田氏がひとりの商店主として起業し、現場で体得していった小売業のイロハを、ドン・キホーテの社員たちもまた自ら学んで育っている。おそらく、現在もこの流れは不変なのではないだろうか。

二七〇万件にのぼる商品データ

素人の筆者は「安く買うのだから、ひと山いくら、と適当に買い叩いてるのではないか」というように思っていたが、大きな誤解だった。

当時、ドン・キホーテの事業部は商品のカテゴリーごとに七つに分かれていた。

・第一事業部……電気・情報機器
・第二事業部……家庭雑貨・スポーツ・大工園芸用品・文具
・第三事業部……日曜消耗品・薬品・ペット
・第四事業部……食品・酒類
・第五事業部……対面商品（ブランド品・時計・バッグ・アクセサリー）
・第六事業部……アパレル・寝具
・第七事業部……カー用品・玩具・バラエティ・自転車

といったのが概要である。この体制の中で、世に存在するあらゆる商品の情報を蓄積、保有している商品データの数は約二七〇万件にものぼる。当時これほどのデータ数を持っていた企業はドン・キホーテ以外にはなかったと思う。

このデータも参考にするのかと聞けば、目利き人たちは当然という顔をして応える。

「一般的な価格は参考にします。これより安く買わないと損だから」

考えてみればその通り。スポット商品を流通価格より高く買っていたのでは、何の得にもならない。話を聞けば聞くほど、彼らの凄さが身に沁みて分かった。

「だってそうでしょう。一括で夏物衣類を買えって言われたって、今九月ですよ。五〇〇〇円でこんなの買ったって、売れるのは一年先ですよ。五〇〇〇円で買えるわけありません。五〇〇〇円ですよ」

「はあ、なるほど。すごい」

仮にも業務本部長である筆者が、ただただ彼らに教えられてしまうばかりだった。

目利き能力＝動産評価能力

彼らにとっては当たり前の業務だが、これを「動産評価能力」として捉え直し光を当てたことが、この発見の大きなポイントとなる。

彼らは自分たちの能力をすごいと思ってはいない。彼らにとっては業務上必要な、当然の目利き能力だが、銀行から来た筆者にとっては〝宝〟に見えたのである。

動産担保登記が可能というニュースを聞いてすぐに、ドン・キホーテの持っているこの貴重な宝物に気づいた。小売業の当人たちが宝だと思っていないものに対し、銀行の出身者として「これは宝だよ」と言ったわけだ。

銀行業も小売業も理解し、かつバブル経済崩壊後の企業の苦しみを、知識ではなく体験としてわかっていたからこそ、ニュースを聞いた瞬間に新たな資金調達の仕組みをひらめくことができたのだ。

Ⅲ．銀行の在庫評価は不十分だった

二億円の在庫評価が二千万円となることもざら

今までこんなことも分からずに融資をしていたのか。目利き人たちの評価能力を目の当たりにするにつれ、実は筆者は頭を叩かれるような思いにもなっていた。現役銀行員にとっては耳の痛い話になるかもしれない。しかし、筆者も銀行で闘ってきたからこそ、言えることである。

筆者を含めすべての金融機関の行職員は、どれほど在庫商品の実態把握をおろそかにしてきたことだろうか。帳簿上で二億円とはじかれていた在庫の品々が、目利き人たちの眼には二〇〇〇万円にしか映らないようなことが多々あるわけである。

銀行は聴診器を首から下げたかかりつけの主治医でなくてはならない。そう教えこまれたはずの筆者が、在庫商品については誤診しかしてこなかったことになる。

銀行員は誰も在庫の見方を知らない。教えられる人間もいなければ、勉強しても分からない。金融機関に目利き人が育っていないのが現実である。

もちろん二、三種類ほどの品数であれば、素人でも在庫評価をすることができよう。ところが、一店舗だけでも何百何千種類の商品を扱っている。これはいくらする商品だ、これは売れているがこちらは売れていない、と一点一点についてすべて目利きできる人間は金融機関にはいない。

おかしな話である。

正直に言うと、銀行マンは色々な勉強をしており、在庫についてもなんとなく分かっているような〝フリ〟をしていただけなのだ。

決算書上の在庫分析では何も分からない

それこそ明治時代の銀行員であれば、世にある商品も少なく、在庫の価値もすべて把握できていたかもしれない。米屋、畳屋、お菓子屋、醤油屋、それぞれの店が一種類ずつの商品しか売っていなければ、優れた目利き人は必要ない。ところが、今やスーパーマーケットであれコンビニエンスストアであれ、ひとつの商品だけを扱っているわけではない。例えばガム一個でも、一〇〇円のものもあれば一五〇円のものもある。賞味期限があり、売れ筋もあれば売れていないものもある。それらが何千種類と倉庫に積まれていたとしたら、素人が行って評価しようとしてもパニックになってしまうだろう。はっきり言って銀行員に分かるはずがない。

銀行員は数字上で在庫を見るのは得意だ。取引先から見せてもらう決算書を分析し、帳簿上で在庫診断をしている。

例えば、ある商品は何日締め何日払いで仕入れている。先月末はこれだけの数があり、今月は仕入れた分を合わせてこれだけの数がある。算式にあてはめて回転期間をはじくと、この商品は一カ月で売れる商品である。こちらは売り切るのにだいたい二カ月はかかる。帳簿上に一億円と書いてあるとすれば、こうした財務分析を用いてその金額が妥当であるかないかを判断していた。実際、

決算書上の在庫分析の視点

期末のＡ商品(在庫)20百万円。Ａ商品の売上原価は月平均18百万円だから‥Ａ商品の回転期間は1.1月。業種・業界平均値と比べて妥当だな。

貸借対照表（B/S）

Ⅰ流動資産‥	Ⅰ流動負債‥
×××	×××
×××	×××
商品　300	Ⅱ固定負債‥
Ａ　20	×××
Ｂ	×××
‥	負債合計
Ｆ	
Ⅱ固定資産‥	1　資本金‥
	2　余剰金‥
Ⅲ繰延資産‥	×××
資産合計‥	純資産合計‥

「そもそもＡ商品に20百万円の価値があるのか」については検討しないでよいのでしょうか？

倉庫にある在庫が一億円に相当しているかどうかなど、誰もわからない。帳簿だけを見て在庫把握をし、物はあるかないかを見るだけだ。もっと言ってしまえば、それすら確認しないことも多い。本音を言えば、帳簿しか目に入っていないのだ。

そんな適当なやり方で、この会社は良い悪い、在庫が多い少ないなどと取引先にアドバイスをしていることになる。金融機関以外の人が聞けば「何というやり方をしているんですか、銀行は」と思うかもしれない。ところがこれが実態である。

在庫商品の実態も掴まないで、大切な取引先の指導などできないはずだ。筆者も大いに反省し、自分の愚かさを痛感している。支店長を五店舗も経験し、自信を持って銀行員を勧めあげたはずが、何と情けないことをしていたのか。

金融機関は何のために在庫評価をしていたのか。どこまで徹底して在庫評価をしたら納得できるのか。

在庫に対する知識はどの程度あったのか。実態バランス、帳簿上の価格と実際の在庫の価値のずれは解明できていたのか。

厳しい話になるが、自戒をこめて申し上げると、この四点について自信を持って意見できる金融機関の行職員はおそらくいないのではないだろうか。

在庫商品把握革命

銀行の在庫診断力の脆《もろ》さを身に沁みてわかっている筆者だからこそ、ドン・キホーテの動産評価能力を〝宝〟として発見できたと思う。

目利き人の能力を使えば、すべての在庫をあらためなくとも実態バランスを解明できる。細かい品まで一〇〇％見なくても、五、六割の品を評価するだけで、おおよその全体像が掴めるわけだ。

もちろん時間をかけて在庫のすべてを診断することもできる。ドン・キホーテではなく専門の棚卸業者に頼んで厳密な在庫評価をすることも可能である。しかし、そこまで徹底して評価をするには時間もコストもかかってしまう。そこで後段の第十二章で、この棚卸を解決するための〝小口棚卸の開発〟を説明させていただく。

ドン・キホーテの目利き人の力を使えば、安いコストで今までまったく分からなかった在庫の実態を把握することが可能となった。金融機関にとって長年「ブラックボックス」と呼ばれていた在庫商品に、光が射し始めたことであり、銀行にとっても企業にとっても、業容の拡大に繋がっていくと思う。

現在進めている日本動産鑑定の動産評価鑑定業務は、まさに「在庫商品把握の革命である」と言えるほどの価値があると確信している。

ドン・キホーテは商品の実売可能価格にいかに迫り、そしていかに安く売るかを目指す小売業。当然、商品を過大評価することはない。ある動産が担保設定されたとして、高い評価を受けないということは、将来その価格が暴落する可能性が少ないということになる。

二度とバブル経済崩壊を起こしてはならない。当時出会ったドン・キホーテの目利き人達は、この筆者の思いとも合致したのである。

今思えば、なぜもっと早く思いつかなかったのだろうか、と不思議でならない。ましてや、動産担保登記可能のニュースを聞くまでは、動産担保融資というものも、動産の評価業務についても、考えてみることもなかった。

すべては二〇〇五年八月三日から始まったと言える。

第四章　発明の〝瞬間〟

ここで正しい『事業性評価』を理解するため
改めて原点である動産評価に立ち返ってみる

Ⅰ．動産評価＋融資……？

動産譲渡登記制度の可能性

二〇〇五年一〇月三日、『動産譲渡登記制度』が施行された。

不動産と同じように動産も登記することが可能となり、第三者に対する対抗要件を備えることができるようになった。これは画期的なことであり、企業の保有する在庫等を正式に担保活用できる可能性が、ぐんと広がったことになる。

従来は、銀行が動産を担保取得するための手続きを取引先との間で交わしたとしても、動産譲渡登記制度がないために、こちらが気づいたときには第三者に対する二重譲渡のリスクを負っていたり、担保物件が知らぬ間に売却されてしまうようなリスクを負っていた。この制度施行でこうしたリスクを回避できることになった。

筆者はこの画期的なニュースを、当時のドン・キホーテの準メイン銀行である都市銀行から聞くことになった。それは二〇〇五年八月三日のこと。この日は筆者にとって忘れることのできない一日となった。

そのニュースをもたらした都銀の行員は、商品買い取りの実態について調査するために、ドン・キホーテを訪ねてきた。動産を担保に取って融資をした場合、万が一のことがあれば銀行はその動産を処分して資金回収をしなければならない。ドン・キホーテが本当に担保物件を買い取ることができる相手なのか確かめるために来社したようだった。

この時、法改正のニュースを聞いたわけである。『二カ月後から動産が登記できるようになる』と。それを知った瞬間、頭をかち割られたような、目から火花が散るような、これまで経験したことのない衝撃を覚えた。とてつもない勢いで汗が吹きでるというか、何と表現したらよいか分からない、自分でも驚くほどの感覚だった。

「すごい、そんなことができるのか！」

「いや、嘘だろう」

「動産が、登記できる。これは大変なことだ」

頭のなかをありとあらゆることが駆け巡った。積もり積もった銀行員時代の記憶。取引先と共に苦しんだバブル経済崩壊後の不況（これさえあれば救えたのに）、銀行本部との闘い（何故、分からないんだ、分からず屋)、「動産担保融資の未来」、同時に「目利き人たちの力があれば、大変なことができるようになる」のも見えた。「動産評価能力」という〝宝〟に気付いたのだ。この〝宝〟が銀行にとってどれほど重要なものか、これまでの経験からよく分かっていた。それまで銀行員として闘ってきたすべてのことが、そして閉じ込められていたものが、すべて凝縮、集約されて、一つに繋《つな》がったのである。

Ⅱ. 世の中が変わる! そう確信した

買い取り可能=評価可能なのだが…

「買い取りができるということは、その前段として評価ができるからであり、今日の来訪目的は処分だけでなく評価ができるかどうか、という調査ではないのですか」

頭に浮かんだことごとを、興奮してまくしたてる筆者に、その都銀の行員は怪訝《けげん》そうな顔をしていたのを思い出す。

筆者にとっては単に動産を処分できるというレベルの話ではないのである。

実際に動産担保融資を始めた時に、倒産した先があれば、担保物件をドン・キホーテで処分できるのかどうか、本当に買い取る能力のある会社なのだろうか——。その都銀行員はこの事だけの調査のために来ていた。筆者に言わせれば「それだけじゃないでしょう」ということだ。もちろん買い取ることはできるが、ただ、この買い取ることができるということが、評価ができるということとイコールだという点をなぜ分からないのだろうか。

いくら話をしても、この現役の銀行員は、

「処分の件で来たんです」の一点張り。

筆者は、

「評価ができることを認めたほうがよいのでは…」

と、そこまできつく言った。

しかし、

「いえ、今日は買い取ってもらえることが確認さえできれば」

との返事。

金融のプロのはずなのに、分からない。筆者が何も知らないうちから、動産担保について勉強してきたはずなのに、筆者のようには感じ取ってはいない。目の前にある〝宝〟に気づく素振りもない。残念だった。まさかドン・キホーテが、と見くびっていたのであろうか。あるいは経験不足なのか、勘が悪いのかなどと思わざるを得ない状況だった。

ただ、これは彼に限ったことではなかったのが後々明らかになった。一〇人の銀行員に話したとして、話をすんなりと理解できる人は二、三人だった。この時点で、理解者は少なかった。このことが、筆者の発案を世に出していく際に、もっとも生みの苦しみを味わった部分だ。亀が産卵時に目から涙を流して辛さに耐える、その気持ちが初めて分かった。

人それぞれ経験も違えば、考えも違う。こちらが分かっていると思っていることも分かっていない。これが現実なのだ。日本語なのに通じない。それを分かるように説明し、世に出していくことはどれだけ大変なことか！正に新たな挑戦が始まった。

今でこそ動産担保、そして事業性評価という言葉はしばしば新聞などで見られるようになっているが、法改正前後の頃は現在よりもはるかに認知度が低かったのが現実だ。それだけに、筆者のあの時のひらめきを世に普及させていくには、目利き人達の協力が不可欠だった。しかしながら、専門の銀行員ですら「聞いたことくらいはある」程度の動産担保融資。後述するが、銀行、金融のことがまるで分らない小売畑の目利き人達に、動産担保のイロハを理解してもらうことは一苦労だった。

動産評価業務着想の一週間

その都銀の行員が帰った後も、頭のなかでは色々なことが駆け巡った。長く銀行の営業の最前線にいたので、銀行のことは何もかもよく分かっているし、ドン・キホーテに出向してから六年経っており小売業のことも分かっていたが、自分のアイデアが実現可能かどうか、目利き人達に一つひとつ確かめていった。すると、期待していた通りの答えが返ってきた。それどころか、確認する――以上のさらなる発見もあった。

すぐさま構想のすべてを書類にした。話す言葉、書く言葉が、考えるスピードに追いつかないほど、次々と構想の詳細が湧き出てきた。自分がどうにかなってしまうのではと自身で危惧するくらいのパニック状態で、頭（考え）だけ次から次へと先に進んでいった。頭のなかのページがどんどんめくられて行き、今思えば、それは怖ろしいほどだった。

『すごい発見をしてしまった。もう間違いない。発見したことをこうして、さらにこうして実行していけば、世の中ひっくり返るぞ。これを待っている人はたくさんいるはずだ』

何かに急き立てられ、じっとしていることができないような感覚だった。それからわずか一週間で構想の全容を書類に落とし込んだ。

・動産担保による新たな資金調達の仕組み
・「動産評価鑑定士」の商標登録
・「動産評価方法及び装置」のビジネスモデル特許申請

振り返ってみれば、まさにこの一週間に考えた通りに現実が進んでいった。自分でも不思議でならない。天が筆者に与えたとしか言いようがない。銀行で闘い、小売業を経験し、二度とバブル経済崩壊を起こしてはならない、と心の底から思っているからこそ、受けることのできた啓示なのかもしれない。

今、この瞬間にも資金調達に苦しんでいる中小企業者がたくさんいる。この方法で彼らを救える、そう確信した。自分がやらなければこれは世に出ないだろう。それまでおつきあいをしてきた何千社という企業の経営者たちに後押しをされているような使命感も感じていた。

動産担保という金融の歴史の一ページを飾る出来事として、この一週間を何度となく語り継ぎたいと、共に取り組んだ仲間たちに感謝をこめて申し上げたいと思う。

この時、実はすでに経済産業省が『ＡＢＬ研究会』という機関を設置し、動産担保融資について議論していた。「理解者がいない」と嘆いていた筆者にとって、そんなことは知る由もなかった。結局このことを知ったのはとうに『動産評価鑑定士』の商標登録の申請手続きも終えた、二〇〇五年一〇月のことである。

Ⅲ．無担保融資の動産担保

動産が登記できるようになっても、すぐに正式な「適格担保」として動産を活用できるわけではない。

第二章の最後にも示した通り、金融庁は金融検査マニュアルの改訂で「動産担保」を不動産担保と同レベルの「一般担保」として取り扱うことを明示した。しかしながら、二〇〇五年から一七年間経過した現在でも、すべての金融機関が動産を融資実行時の担保として直ちに十分活用できる環境や態勢は整っていないと考えられる。本書ではこの観点から動産担保の融資への活用について述べたい。

金融機関以外の読者には理解しにくい部分かもしれない。また、銀行員にとっては、分かっているからこそ「動産担保が担保付き貸し出しになるわけない」と考え、前に進めない部分だと思う。

これから述べることが、運命の一週間に頭を駆け巡った「動産担保による新たな資金調達の仕組み」の全容である。この話を何人の人に、何度説明したか分からない。生みの苦しみを味わいながら、次第に『皆がどこで引っかかってしまうのか』が見えてきた。

銀行にとって必要な保全

銀行は健全経営をするというのが前提である。融資をした金額に見合う保全がなされていれば、万が一倒産などがあったとしても貸し出した資金は回収できる。例えば一〇〇〇万円の融資を実行した時に、不動産担保を一〇〇〇万円以上取得していたら債権不良化の確率は当然減少する。

もちろんその取引先が潰れなければ、担保をつけなくても何の問題もない。無担保融資をしたとしても、常に利益を出している会社であれば返済できる。保全の必要はない。

しかし、企業も人間と同じ生き物。昨日までは元気だったのに、突然熱が出て体調を崩すこともある。今日はしっかりしていても、明日にはどうなるか分からないのである。

そのために保全を考えておく必要がある訳だ。銀行が健全な経営を続けるために、諸官庁には様々な規制があるが、この点は複雑な部分もあって、すべて説明するのは難しいが、例えば不良貸し出しの比率を抑制させるための規制がある。

融資先の中に赤字経営をしている会社がいくつかあったとする。その赤字幅がある基準を超えてしまうと、回収不可能と判断される。回収不可能な先が多くなれば、銀行も健全な経営とはいえない状態になる。銀行業を営むためには、強い健全性が求められ、一般の会社より多くの厳しい規制があり、こうした規制を順守しながら経営する必要がある。

いくら動産登記ができるといっても、動産担保がこれらの規制をクリアするのには多少の時間を要すると思う。しかし、この時点では金融検査マニュアルの改訂もあり、二〇〇七年の年明けと共に動産担保融資が一段と加速されたことは間違いない。

「保全」として難しい位置づけの動産

担保付き貸し出しとして動産を担保に用いるためには、その物件が常に担保価格に相当しているかどうか判明していないとならない。一億円の担保に設定した動産が、いつ見ても一億円分の価値を持っていることが「適格担保」として扱うための条件となる。

以下の三点の問題があるため、動産担保は不動産のように「適格担保」として扱うことができなかったのである。その三点とは、
①読んで字のごとく動産は常に動く（管理の問題）
②世にあるいろいろな種類の商品の価値を見極められる人がいない（評価の問題）

③実際、買取先を見つけて処分することも易しくない（処分の問題）である。

気休めの意味を込めて「見合い担保」や「添え担保」といった呼ばれ方をされてきたのは、第二章でも述べた通り。担保になりそうな在庫があるからといって、融資額が増えるようなことはなかった。銀行側の自己満足として、万が一の場合に少しでも回収額が増やせればと動産を担保に取ることがあった程度である。

例えば飛行機数機を担保に取ったとしたら、話は単純だ。大きいのですぐ数を数えられるし、価格が短期間で上下することもない。処分する先も限られてくる。ところが倉庫にある文房具一式を担保に設定したとしたらどうだろう。消しゴム、鉛筆、ボールペン、シャープペンの芯、細かいものが山のようにあり、それぞれの単価は、数は――など算定するのも大仕事となる。

仮に朝には一千万円分の在庫があったことが分かっていても、店舗のシャッターが開いた瞬間に売れ始め、お昼になれば九〇〇万円、夕方には六〇〇万円になってしまうかもしれない。

衣類や食品になるとさらに複雑になる。スーツ一つにしても、サイズもあり色も様々だ。絞りのあるものないもの、センターベンツ、サイドベンツ、一年先には価値が落ちてしまうような流行ものもある。

食べ物になると今度は賞味期限という問題もある。今日一個三〇〇円のリンゴは、明日は二五〇円、明後日には一五〇円、という具合に日ごとに価値が落ちてしまう。極端な話、担保として譲渡されたリンゴが処分先を探している間に腐ってしまえば、一銭の価値もなくなり貸出金も回収できないで終わることになる。動産は動くもの。一瞬のうちに変化してしまうものである。増してや一日、一週間、半年経ってしまえば、数量も価値もまったく変わってくる。それだけに動産を担保に取って融資する制度がなかなか実現できなかった訳だ。動産というものの性格上、難しかったことが背景にある。

「ＩＣタグ」をつけるのでは手間も金もかかる

もちろん商品一品一品にＩＣタグをつけて残高を把握する方法もある。

倉庫や店頭の品々すべてがコンピューター管理されていて、朝には一億円あったのが、夕方には九〇〇〇万円だった、と毎日分かる。アイスクリーム一つひとつにＩＣタグをつけ、在庫が二〇個あったけれど、新たに一〇個仕入れ、販売したのは五個。残りは二五個。そうしたやり方をすれば、厳密な管理をすることは可能となる。

ところが、一品一品全部にＩＣタグをつけるのには、手間も費用もかかる。一〇〇円で売れるはずのものが、コストを上乗せして一二〇円、一五〇円になってしまう。現実的ではなかったが、このＩＣタグが現在はバーコードとなり、自前評価の夢を膨らませることへとなってきた。

無担保融資で動産担保を活用

動産が正式な担保となるためには、述べてきたように超えるべきハードルがたくさんある。それらをすべてクリアし「さあこれが正式担保です」となる日を待っていたら、三年も四年もかかってしまう。しかしながら、今すぐにでも資金を必要としている企業が待ったなしの状態で現実にいるのだ。せっかく動産が登記できるようになったのだから、経済を活性化させるためにも、一刻も早く動産担保を世に広め、活用していくべきとの強い思いがある。初めから一〇〇パーセント正式な担保でなくてもよい。「適格担保」に向けて徐々に階段を昇っていけばいいのだ。

『動産担保は無担保融資でのスタートである』

これが筆者の基本的な考え。そして、もっとも読者に理解して欲しい点なのだが、非常に苦しんだポイントでもある。「動産担保なのになぜ無担保?」と引っかかってしまうからだ。そもそも動産の担保設定自体に違和感を覚える人が多いのは否めない。今でこそ不動産担保の設定は、何の疑問も感じずに、条件さえ整えばスムースに登記完了まで進む。ところが、一昔前まではそうではなかった。

「あの会社は○○銀行に会社の不動産や個人の家、屋敷を担保に取られたらしい」

世間からも業者仲間からも、悪いイメージで話題にのぼるような出来事だったのだ。

今はどうだろうか。不動産担保の設定は、融資を受ける側としては当然の選択肢となっている。一昔前のように問題視されることはない。何か特別な変化があったわけではない。単に不動産担保の設定が日常的になったので、耳慣れて偏見が消えただけのことである。

おそらく、動産担保も同じ。

「あの会社は商品まで担保に取られた。いよいよ危ないのではないか」

今はまだ、こういったイメージを持つ人も少なくない。不動産担保の「不」を除いただけだが、動産担保の設定に違和感を持つ人は相当いる。この動産の担保設定が一般的になれば、不動産担保と同様に悪いイメージが打破されていくようになるだろう。動産担保を早く世に広めていくためには、金融機関が積極的に取り組み、取引先に根気よく動産担保の真意を説明する必要がある。

ところが銀行員でさえ、別の意味で動産担保の設定に違和感を持っている人ばかりなのだ。

「動産担保が担保付き貸し出しになる訳けがない」

先に述べた様々な規制を簡単にクリアできるはずがないと諦めてしまっている。だからこそ、無担保融資として動産担保をスタートさせる訳である。今すぐ活用していくには、この方法しかない。

「担保主義」を乗り越えた動産担保融資を

銀行員にとっては、相当な意識改革を伴わないと受け入れられないことかもしれない。銀行員の経験がない人のほうが、先入観がない分、かえって理解しやすいのではないかとも思う。

第二章でも触れたが、「担保主義」の考え方があらゆる金融機関に強く根を張っている。

担保を設定することによって、不安材料がなくなるからだ。仮に取引先の倒産があったとしても、不動産担保の処分で貸し出した資金を回収できる。その案件による被害が発生しないので、融資担当者、支店長、ひいては銀行本部で審査担当の人たちも責任回避ができる。言ってしまえば、取引先が多少危険な経営をしていても、融資額以上の担保を取っていれば問題が起こる確率も減少する――という安易な考え方だ。

『もう、この考え方は卒業しませんか』

これは金融機関の皆さんに対し、最も筆者が伝えたい点である。筆者の考えでは「担保主義」を乗り越えられない人は動産担保に入っていけないと思う。

融資判断する際に最も重要なのは、担保が有るか無いかではない。取引先の業容、業績、技術力、会社の中身そのものである。在庫診断は企業を判断するうえで欠かせない項目である。金融機関はこの大切さに早く気づき、動産担保融資に取り組んで欲しい。

もちろん、無担保スタートだからといって、担保として取得した動産を処分して資金回収をしないわけではない。万が一取引先の倒産があったとしたら、商品ごとの専門の買取業者が在庫を買い取りに行く場合も出てくる。

ただし以前のような「見合い担保」、「添え担保」のままでは意味がない。担保に設定した金額に見合うだけの融資を伴わなければ、結局銀行側の自己満足にしかならない。

動産〝評価〟を融資にどう活かすか

日本動産鑑定が大きな役割を担うのは、融資実行のための担保取得にあたり、単に動産（商品）を評価するだけが目的ではなく、あくまでも取引先企業の実態を正しく評価し、その結果を取引銀行に正しく伝えるための資料を提供する事が重要な点である。また、動産の処分発生時については、より実態価格に近い買取価格を実現するための買取市場（処分市場）を紹介する窓口となることも、

不動産担保融資と動産担保融資の担保価値評価

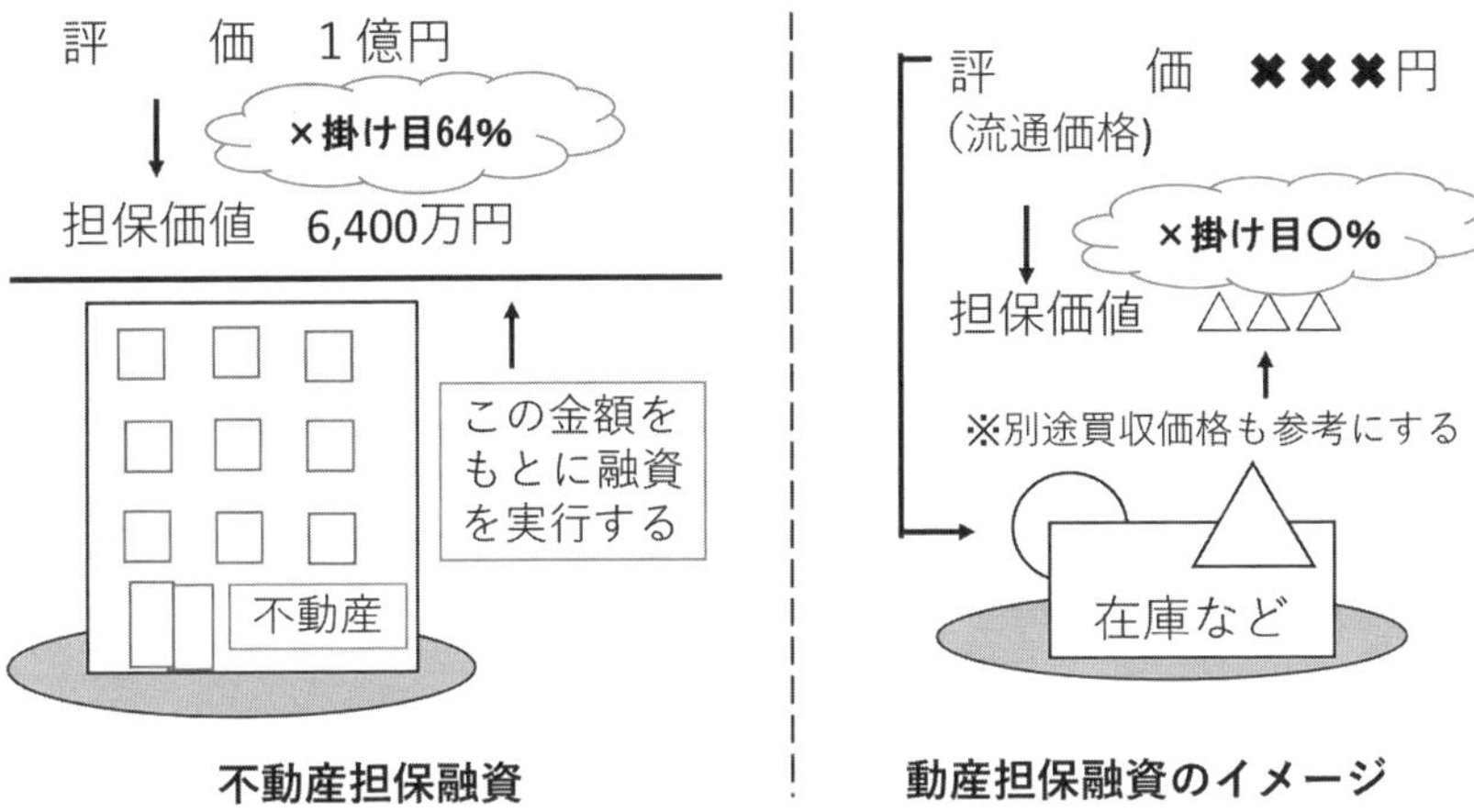

もう一つの大きな役割としている。

不動産の場合は「不動産鑑定士」制度も確立されており、担保に取った不動産の正確な担保価格を見極めるのが容易である。例えば一億円という評価が出ている土地を担保に取るとする。価格が一億円だからといって、そのまま一億円の担保価値があるという見方を銀行はしない。動産ほどではないにしても、不動産も値下がりの可能性があるからだ。「掛け目」といって、その一億円の何割かが担保価格としてはじきだされる。六四パーセントの掛け目だとすると、六四〇〇万円がその不動産の担保価格となる。

この担保に対し、例えば七〇〇〇万円の融資をしたら、担保価格を超えた部分の六〇〇万円は無担保融資に相当する。業績の良い会社ならば、問題はない。しかし、取引先に不安がある場合は、六四〇〇万円の担保付き融資にとどめる。

動産の場合も同様に、出てきた評価に掛け目を設定して担保価格をはじき出せば、その金額までの融資を実行することができるのではないだろうか。
ところが、在庫商品は今まで銀行にとって「ブラックボックス」だった。すでに述べたように、さまざまな商品を目利きできる人間が金融機関にはいなかった。帳簿だけを見て判断していたので、ある会社が業績を良く見せるために在庫を膨らませ、見栄えの良い決算書を作っていたとしても分からなかったのが現実である。それを肌で感じてきたからこそ、筆者は目利き人の動産評価能力という〝宝〟に気づいた訳だ。

「動産評価鑑定士」による「動産評価鑑定書」の作成

動産の目利き人の力を使えば、短い時間・安いコストで在庫商品の価値を見極めることが可能である。不動産の場合の「不動産鑑定士」にあたる役割を、目利き人が「動産評価鑑定士」として担うことができる。

不動産を鑑定した際には「不動産鑑定書」が作られるが、動産も同じように「動産評価鑑定書」を作成すれば、銀行はその鑑定書を見て融資判断する場合の参考資料として活用することができる。

二とおりの評価価格

ただし動産は不動産以上に、常に値下がりの可能性と隣り合っている。そこで、金融機関から依頼された商品に対し二とおりの評価額を算出することに至った。

「流通価格」(時価)と「鑑定価格(処分価格)」である。

当法人の作成する「動産評価鑑定書」にはこの二つの値が記載される。

「流通価格」「処分価格」の計算方法（当時の方法）

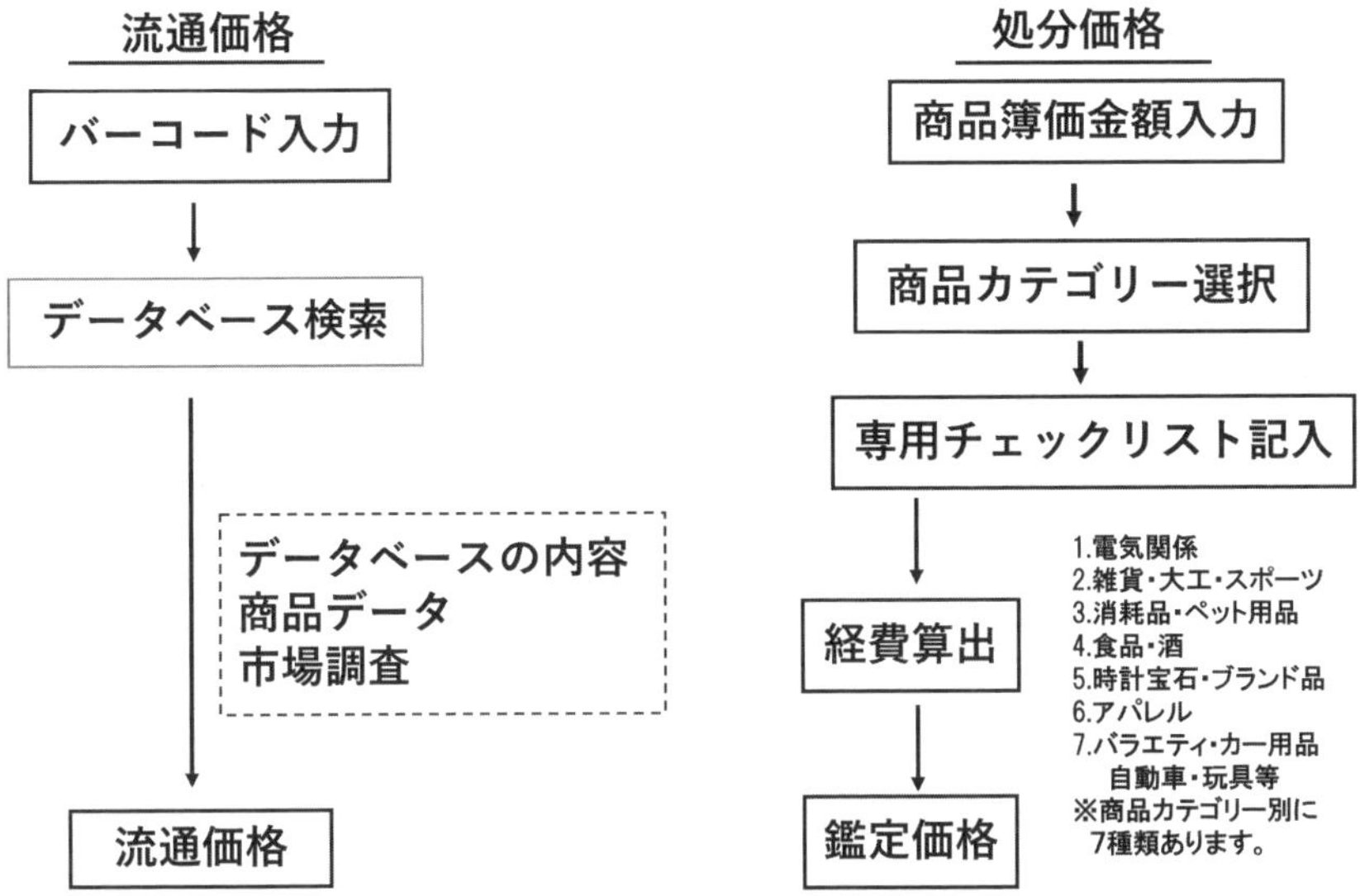
流通価格
バーコード入力
データベース検索
データベースの内容
商品データ
市場調査
流通価格
処分価格
商品簿価金額入力
商品カテゴリー選択
専用チェックリスト記入
経費算出
鑑定価格
1.電気関係
2.雑貨・大工・スポーツ
3.消耗品・ペット用品
4.食品・酒
5.時計宝石・ブランド品
6.アパレル
7.バラエティ・カー用品
自動車・玩具等
※商品カテゴリー別に
7種類あります。

前者は読んで字の通り、その在庫商品群が現在流通している価格の総計になる。取引先の帳簿には『一億二〇〇〇万円』となっていたが、プロの評価人がはじくと『一億円』となる―といった評価である。商品が古くなって劣化していたり、取引先が間違った判断をしていることもあるからだ。

さらに、その商品を「今日、そのまま一括で買い取って欲しい」となったら、『三〇〇〇万円』になる。これが後者の鑑定価格（処分価格）である。

会社が倒産したり、商売をやめるとなれば、この在庫を担保として取得していた銀行は資金回収をしなければならない。評価時点での流通価格が一億円だとしても、そのまま一億円で処分できるわけではない。

一種類だけでなく、いくつも種類のある商品

動産評価鑑定書

Ⅰ　評価の基本事項

1. 動産の累計
2. 評価の前提条件
3. 評価時点
4. 評価の依頼目的
5. 価格の評価
6. 評価の依頼目的及び条件と価格又は商品の種類との関連
7. 評価書類作成日
8. 利害関係と縁故関係の有無

Ⅱ　評価対象動産の確認

1. 実地調査日
2. 所有者名
3. 商品の保管場所
4. 確認に用いた資料
5. 評価上採用した数量

Ⅲ　評価額決定の理由の要旨

1. 社会経済等の状況
2. 配置薬市場規模の概況
3. 配置薬業界の現状
4. 商品価値
5. 経費について（概算）
6. 商品価値最終

Ⅳ　評価

1. 評価
2. 買取評価リスト
3. 添付資料

▲動産評価鑑定書の内容。信頼性の高い鑑定書作成のための重要ポイントが網羅されている。

動産評価鑑定書の見方

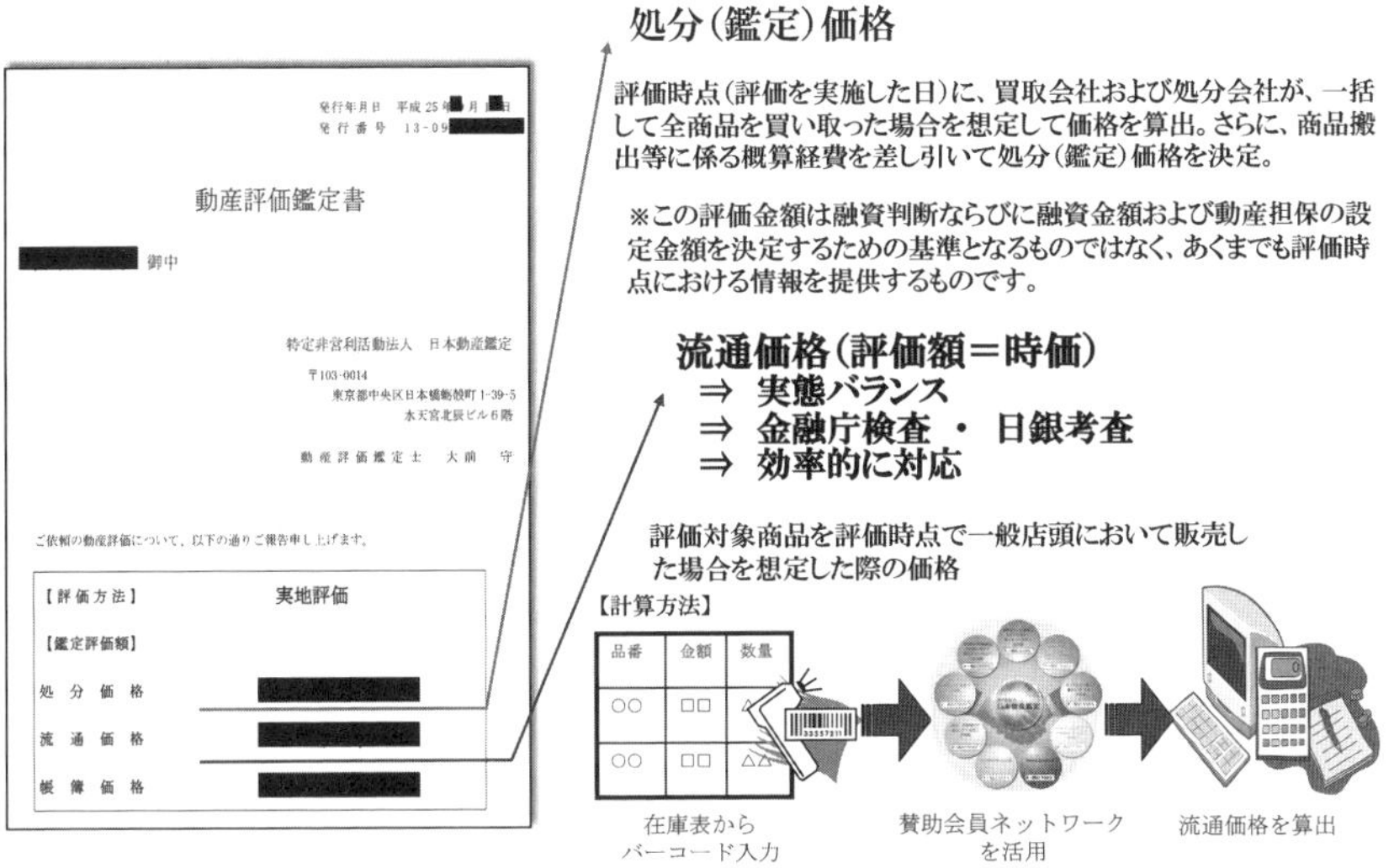
発行年月日　平成25年[redacted]月[redacted]日
発行番号　13-09[redacted]
動産評価鑑定書
[redacted] 御中
特定非営利活動法人　日本動産鑑定
〒103-0014
東京都中央区日本橋蛎殻町1-39-5
水天宮北辰ビル6階
動産評価鑑定士　大前　守
ご依頼の動産評価について、以下の通りご報告申し上げます。
【評価方法】　実地評価
【鑑定評価額】
処分価格 [redacted]
流通価格 [redacted]
帳簿価格 [redacted]
処分（鑑定）価格
評価時点（評価を実施した日）に、買取会社および処分会社が、一括して全商品を買い取った場合を想定して価格を算出。さらに、商品搬出等に係る概算経費を差し引いて処分（鑑定）価格を決定。
※この評価金額は融資判断ならびに融資金額および動産担保の設定金額を決定するための基準となるものではなく、あくまでも評価時点における情報を提供するものです。
流通価格（評価額＝時価）
⇒ 実態バランス
⇒ 金融庁検査 ・ 日銀考査
⇒ 効率的に対応
評価対象商品を評価時点で一般店頭において販売した場合を想定した際の価格
【計算方法】
品番　金額　数量
○○　□□　△△
○○　□□　△△
在庫表から
バーコード入力
賛助会員ネットワーク
を活用
流通価格を算出

をまとめて流通価格一億円とはじきだされているのだ。今そっくり買い取れと言われても、買い取る側にもリスクがある。即座にすべて売り切ることができれば心配はないが、ほとんどは売り切るまでに時間がかかる。

前例で紹介したリンゴの例にしても、売れるまでの間に品物の値段がどんどん下がってしまう。衣類も同じ。一億円分の夏物を買い取ったとする。ところが、もう夏が終わってしまう。あと一週間くらいならば売れるかもしれないが、売れ残ったら一年先まで待たなければならない。

流行物だから一年先には見向きもされなくなる。一万円のシャツだとしても、夏が終わる時点で一括買い取りとなれば一枚一〇〇〇円でしか買えない。従って流通価格と鑑定価格（処分価格）に差が出てくる訳である。

金融機関側のルール作りも必要

この鑑定書の結果を踏まえて、銀行が担保設定しようとする在庫商品の担保価格を決め、融資に活用すればいいのである。

金融庁も二〇一三年に金融検査マニュアルを八年ぶりに抜本的に改訂した。このマニュアルには動産担保融資のルールが明確に示されており、動産担保融資が弾力的に取り組める時が到来した。その後、二〇一九年一二月には金融庁検査マニュアルは廃止となるが、基本的にはＡＢＬの取組みに対する考え方は検査マニュアル廃止前の考え方が続いている。

ＡＢＬの考え方は、動産を評価し、評価した動産のすべてを担保設定して融資実行へと展開するのではなく、場合によっては動産担保付無担保融資としてＡＢＬを育てて行けば良いと思う。

（※詳細は後段の第五章・ＡＢＬスキームの欄で説明）

不動産担保となる物件は持っていないが、今すぐにでも資金を必要としている中小零細企業がある。三、四年先の一億円よりも、現在の三〇〇〇万円のほうが意味があるという企業がある。

せっかく法改正がされ、素晴らしい制度ができたのであり、いち早く活用するのが世のため人のためになるのではないか。

格付け、スコアリング、財務分析と、銀行はさまざまな条件から、取引先の会社が優良か不良かを判断する。利益が出ている会社もあれば、業績が安定していない会社もある。この会社は従来も、現在も、将来予測からしても問題のない企業だ。それなら、動産担保をつけた無担保融資をしていこうと、こういうルールができるはず。

担保にとった動産は在庫だから、仕入れや販売状況によって増減する。一定の期間が経てば、またその時点での在庫の価値を再評価しなければならない。

例えば自己査定におけるスコアリングの点数が七〇点以上ならば、動産担保融資の先として認め、自己査定における再評価は半年ごとにする。五〇点以上の先に関しては動産担保融資可能先としても、毎月一回再評価する。鑑定された評価結果に対して、流通価格の何パーセントの掛け目を担保価格とすれば良いか。鑑定価格（処分価格）はどこまで参考にするのが妥当か。

こうした基準を各銀行がそれぞれ考えていけばいいのである。

動産評価鑑定結果をどのように格付けやスコアリングなどにリンクさせるか。融資条件である金利や期間、金額をいかに判断するか。再評価の頻度をどの程度にするか。各金融機関がこれらのルールを決め、いち早く動産担保融資実現に向けて乗り出していくことができるかどうかが、課題となる。

そうは言ってもここ数年の内に、すべての動産が正式な「適格担保」として扱えるようになるとは考え難いと思われる。

銀行の業務に関することなので少し分かりにくいかもしれないが、ある融資の内容を書面に書き上げたときには、担保付きのものと無担保のものに分かれる。この場合、前者についての担保は、不動産であり、株式であり、または預金と考えられる。

ここで、実際には動産を正式担保に取得する契約を交わしていたとしても、銀行のオペレーション上ではあくまでも無担保扱いとしての管理は可能である。書類作成時に、今は無担保融資として扱い、手続き上では担保付き融資扱いとはならない。ただそれだけのことであり、実際は動産を担保活用した貸し出しに他ならない。

在庫診断から深い企業分析が可能になる

動産評価鑑定の意義は、融資額を決定する事ではなく、在庫診断という面から、企業の実態を知ることだ。大事な取引先に、しっかりとした経営のアドバイスができるようになる訳だ。これが大切なこととなる。

たとえ動産を登記せず、担保として活用しなかったとしても、今までまったく分からなかった在庫というものを専門家に評価してもらうことによって、見えない部分が見えてくることがたくさんあるはずなのだ。

『在庫診断の結果、この会社の商品は非常に効率よく回っているし、在庫にもおかしいものがない。売れ筋の商品がそろっていて、倉庫の整理整頓も行き届いている』

『こちらの会社はずいぶん商品が古くなっている。台帳では一個一〇〇〇円となっている物が、実際には一〇円。この品物は半年後に別の新商品が発売されるから、早く売り切った方がいいですよ』

このように〝ブラックボックス〟の中身が手に取るようにわかるはず。

単に融資をするためだけの動産評価ではない。本当の目的はその会社の在庫商品をしっかりと診断すること。その結果、融資に繋《つな》がるわけだ。

『銀行員は聴診器を首から下げたかかりつけの主治医とならなければならない』

筆者のように古い銀行員であればあるほど、皆そう教え込まれて育った。いわゆる「担保主義」を脱して、聴診器を持った本来の銀行員に戻ろうというのが、この動産評価の意義である。

（つまりこの事が今言われている〝事業性評価〟そのものである）

〝在庫評価〟という行為が人間ドックに当たる。『胃の調子はどうだろうか。肺は、心臓は大丈夫だろうか。聴診器をあてた以上に、その会社の健康状態が見えてくる』はずだ。

企業の実態を把握し、会社の経営方針を一緒になって考える。これこそが本来の金融機関のあり方だと思う。

三つの利用モデル

これまで銀行は取引先の会社の業績や経営の方法など、さまざまな基準のなかで無担保融資枠を決定してきた。

例えばAという会社があったとする。『ここは利益トントン、事業の中身は多少分かるが、現在及び将来のキャッシュフローが見えない。ただし、長年の取引振りから多少の無担保融資は可能か』。

今度はA社の隣にB社という企業があったとする。『ここは利益が出ていない、赤字経営。無担保枠はゼロで、担保を付けなければ融資はできない。この先に対しては在庫商品の実態を把握し、場合によれば売掛先もチェックし、さらに知的財産があれば、将来の可能性を追求し本業への支援を探る』。本来であれば、このB社に対しても諦めずにチャレンジの幅を広げたいものである。

それでは、動産担保がどういう場合に最も有効かというと、この前者のA社に対しては、動産評価をすることで、今まで以上に実態把握が可能となり、その結果動産担保を取得しての無担保融資の実行ができる。この在庫診断による新しい無担保融資は、取引先にとっては資金調達の手段となり、銀行にとっては企業の実態把握に繋《つな》がり、双方にとってメリットのある方法といえる。

さらにいえば、銀行側の業容拡大への効用については以下の三点も挙げられる。

①既存融資先の保全強化

②新規貸出での動産担保による無担保融資

③既に実行している無担保融資への追加的融資の取り組み

ここに新たな融資戦略の展開を見い出せることになる。

動産担保は「早い者勝ち」

また、他の金融機関よりも早く動産担保融資に取り組み、在庫を担保設定することができれば、将来のメイン先作りという観点からも非常に効果が大きいと思う。

少し専門的な話になるが、動産担保は後順位の設定はできても第一順位の設定者のみに優先権が与えられている。不動産を登記した場合には、担保の価値があればあるほど、複数の銀行が担保を

動産評価では商品の“臭い”も重要な評価対象（日本動産鑑定の動産評価アドバイザー養成認定講座では実践も）

取得し、その結果効力を発揮できる。

例えば一億円の評価の土地があったとする。A銀行が三〇〇〇万円融資し、第一順位に三〇〇〇万円の担保をつけた。まだ七〇〇〇万円分残る。今度はB銀行が第二順位に五〇〇〇万円の担保設定をし、五〇〇〇万円の融資をした。まだ二〇〇〇万円分残るので、第三、第四順位と後順位の担保設定が可能となってくる。

一方、動産担保の設定の仕方は異なる。一品一品について登記するわけではない。

例えばある会社の倉庫に衣類の在庫が積まれていたとする。背広、ネクタイ、シャツ、靴。これら一つひとつにいちいち担保を付けていたら、大変な手間がかかってしまう。動産の場合は、品物ではなくその倉庫の中身をまるごと登記する。倉庫内にどれだけ物が入っていようが、何丁目何番地の何々倉庫を、担保として取得するわけである。

動産の場合、いったんこの倉庫一式が他の債権者に先に担保に取られてしまえば、不動産のように後順位の設定ができたとしても、担保を取得した目的が達成できない。

ということは、言葉は悪いかもしれないが、先に担保に付けた銀行の「早い者勝ち」なのだ。一番初めにその倉庫を担保取得した銀行が、自分の融資の保全のために在庫のすべてを使える。他行に先駆けて、磐石なメイン銀行の地位を確保することになるはずである。

信頼できる評価業務が必要

また、いくら金融機関が積極的に動産担保活用の基準作りを進めたとしても、評価業務のほうが信頼できるものでなければ何の意味もない。それはそのはず。ある評価会社で評価したらこういう評価が出た。また、別の評価会社が評価したら今度は違う評価になった。これでは銀行側の基準がしっかりできていたとしても、すべて狂ってしまう。

評価の信憑《しんぴょう》性、共通性を保つため、「不動産鑑定士」のような資格試験が必要だと考えた。そこで、社内基準のテストを作成し、「動産評価鑑定士」を誕生させるべく取り組みを行った。

過去には存在しなかった仕事であり、一からすべて考えなければならない。同時に、これは商標登録もしておくべきだと考えたが、これについては次章で詳しく述べる。

「動産評価鑑定士」「ＡＢＬ協会」誕生へ

「動産評価鑑定士」の資格と同時に必要となるのは協会の存在だとすぐに思い立った。協会を作るのがまず第一。動産評価鑑定協会が設けられれば、鑑定士の公共性はさらに高まる。金融機関、商社、ノンバンク、リース会社など、できることならば動産担保に携わるあらゆる機関や企業の参加で、「動産評価鑑定士」資格をいずれは国家資格として認定していける体系作りができればと考えたわけだ。

「動産評価鑑定士」が世の中に認められれば、今度はそれを目指して勉強する人たちも現れる。教材、通信教育、専門学校、講師―など次から次へと新たなビジネスが派生して生まれる。そしてまた動産担保がますます加速して世に普及する。そういった展開も予測した。

特定非営利活動法人はどういう形で今後進んでいったらいいのか。公益法人、財団法人とすればいいのか、社団法人がいいのか。協会といった組織など作ったことのない筆者は頭を悩ませ、色々と調査を開始した。

結果的には、なんと国の主導で「ＡＢＬ協会」が二〇〇七年六月に設立された。ＡＢＬ（Asset Based Lending）とは企業が保有する在庫や売掛債権を金融機関に担保提供することで資金調達をする方法である。

「動産評価鑑定士」は、不動産鑑定士と同様、将来動産を評価するうえで重要な一役を担うことになると思う。何年後にそうなるかは分からないが、間違いなくその道をたどって欲しいと願うばかりだ。いずれにしても早く公認の資格にするべく基礎を作ればいいと考えた。

「再チャレンジ」でも中心のテーマに

長々と述べたが、ある都銀の行員から動産譲渡登記制度施行のニュースを聞き、パニックになりそうな頭で考えたのが以上のこと。まさにその時に考えた通りに、今すべてが動いている。予想した以上の幸運にも恵まれた。動産担保融資をめぐり、経済産業省の積極的な動きと、大阪府の制度融資への導入の動き。動産担保融資を啓蒙していくための講演の機会も、日に日に増えていくようになった。

その当時、内閣総理大臣が交代し、安倍晋三氏が新たな総理となった時だった。新内閣が政策の目玉として掲げる「再チャレンジ支援」の中心テーマの一つが、なんと動産担保融資だったのだ。『よくもまあ当時のドン・キホーテ本社の小さな本部長室、ほんの数人で考えたことが、ここまで大きくなってしまったものだ』と感慨深い思いでいっぱいだった。

Ⅳ．一〇〇メートル走～各行一斉にスタート

十分の三の銀行員にしか伝わらない

筆者は『動産担保教という宗教の宣教師である』

そう錯覚するほど、二〇〇五年八月以降はさまざまな人にアイデアを説いて回る日々が続くことになった。

幸い、筆者には各銀行との繫《つな》がりが既にあったのだ。前章で述べた通り、出向してからは、ドン・キホーテの仕入先企業を各銀行に紹介してもらっていた。このビジネス・マッチング活動が活きる形となったのだ。

この点についても、何か運命のようなものを感じざるを得なかった。

今日はりそな銀行と三井住友銀行、次の日は千葉銀行、横浜銀行、みずほ銀行。そして次の日には東京三菱ＵＦＪ銀行など。全部で一二行ほどの銀行に、発案した動産担保融資の仕組みのイロハを次から次へと何度も繰り返し説いていった。

『〝担保主義〟は卒業しなさい。これまで在庫診断が本当にできていたのか。バブルがどれほどひどいものだったか』

現役の銀行員にとっては、頭を叩かれるような話も相当あったはず。

動産担保について研究し、いよいよ登記ができるようになると知っていたなら、筆者が〝布教〟しなくとも既に取り組んでいる銀行があってもいいはず。少なくとも、多少話せばピンとくる人が一〇人中七、八人いても不思議な話ではないと思っていたが、ところが、実際は逆だった。

当時は一〇人の銀行員に話しても、二、三人分かれば御の字という程度だった。

目利き人たちの特訓

一方、動産評価業務を始めていくには、目利き人たちの協力が不可欠。銀行員ですらこうなのですから、ましてや金融のことを何も知らない当時のパートナーサポート部の人間に分かるはずがない。社内に理解者はほとんどいなかった。

『みんなが培ってきた目利き能力が表に出るときがきたぞ』

そう鼓舞して、彼らを特訓していった。評価に関してはすでにスペシャリストの彼らだが、銀行の業務については素人。評価鑑定書を作る際にも、今でこそ「処分価格」と「流通価格」と「在庫価格」の三つの価格が記載されているが、当時は価格表示がもっとあった方が良いのではないかという案まで飛び出していた。それでは銀行側をますます惑わすことになる。銀行業務を経験していない訳だから当然だった。

一般の人にとっての銀行は、口座を作って預金したりお金を引き出す所だ。融資といっても住宅ローンくらいしか縁がない。企業の経営者が銀行から資金を借りるという感覚がないので、いきなり動産担保と言われてもついていけるはずがない。在庫を評価することがビジネスになるというのが、感覚的に分からない。

銀行とはこういう仕事もしている。目利き能力を使うことによって、これから新しく大がかりな融資が始まるかもしれない。そういった初歩の初歩から教えこみ、目利き人たちの訓練の日々が続いた。

つくづく銀行と小売業の両方を熟知していないと進められないビジネスなのだと実感した。動産担保を待っている人はたくさんいるのに、自分がやらないと世に出ないだろう。その年の一〇月にはもう動産が登記できるようになる。周りに理解者がほとんどいない状態で、不安になりながらも焦っていたのがこの頃だった。

毎日のように各銀行を呼んで、〝布教活動〟をした。その際に、目利き人たちも同席させた。「分からなくてもいいから黙って聞いていなさい。そうすればだんだん慣れてくるから」。時間はかかったが、一〇月頃にはパートナーサポート部のメンバーもだいぶ理解を深めていた。

銀行の取組姿勢のばらつき

一方、銀行の方は足並みがばらばらだった。

同じ話をそれぞれの銀行にしたが、不思議なことにすぐに理解を示す銀行、いつまで経っても理解できない銀行に分かれたのだ。

一番進んでいたと感じられたのはみずほ銀行。その時には既に大口の資金を動産担保融資として取り扱った実績があったからだ。

一〇〇メートル走で言えば、「ヨーイドン」で一斉スタートし、すでに五〇メートル先にいたのがみずほ銀行だった。三〇メートル先にいたのが三井住友銀行。スタートラインに足がかかろうとしていたのが、りそな銀行と東京三菱銀行、ＵＦＪ銀行（当時は合併前）。他の銀行はまだスタートラインにも並ばずにいる状態だった。あくまで筆者の感覚ではそうだった。

さすがにみずほ銀行はもう現実に着手しているという感じだった。三井住友銀行も本部ではすでに動いているという感触。りそな銀行と東京三菱銀行、ＵＦＪ銀行は「動産担保は聞いたことあるけど」程度だった。その他の銀行に至っては「動産担保、何ですかそれ」というのが実感だ。

動産譲渡担保登記制度がまさに始まろうとしている直前のことだ。プロであるはずの銀行員でさえ認知度が低く、さらに言えば当人である法務局の人も誰も知らなかった。このことは次章で触れたい。

『筆者と周囲の数人だけが盛り上がっている。大丈夫だろうか。本当に動産登記制度は始まるのか。何か大きな勘違いでもしているのか』

焦っているこちらが拍子抜けをしてしまうくらい、多くの人達がことの重大さに気づいてなかった。

日を追うごとに、最も理解を示し出したのが、筆者の出身銀行であるりそな銀行だった。トップに立っていたみずほ銀行に追いつき、直ぐに金融界の先頭で中小企業向けの動産担保融資に取り組んでいった。その立役者が六年前の二〇一六年に当法人に入社した現・教育事業部長の杉浦信也氏だった。縁の繋《つな》がりとはこういうものなのか。

出身銀行だからといって、特別にひいきして話したわけではない。どの銀行にも同じように説明した。ところが、現りそな銀行にとっては、筆者が銀行ＯＢであるということで尻に鞭が入る格好になったのかもしれない。よく分からないが、先輩がこれだけ熱心に言うのだから頑張らなくては—。そう思って勉強し、動産担保の将来性にいち早く気づいたのだと思う。

りそな銀行の逆転劇については、次章で述べる。

第五章　「動産担保融資」の夜明け

出所：特許庁資料

I.「動産評価鑑定士」の誕生

二〇〇五年八月一九日、特許庁にて「動産評価鑑定士」の商標登録願が受理された（当時筆者はドン・キホーテ業務本部長）。ある都市銀行から法改正のニュースを聞いたのが同年の八月三日のこと。その日からわずか二週間で「動産評価鑑定士」が世の中に産声をあげることとなった。一口に商標登録といっても、さまざまな手続きが必要である。素人がすぐさま商標登録の申請をしようとしても、なかなか大変な作業だ。筆者も商標登録の申請手続をしたことなどはなかった。

実はこのスピードで動けたのには理由がある。当時ドン・キホーテの経理部財務担当次長で、大島（聡）氏という人物が筆者のすぐ隣にいたのである。

本章では何度も彼に登場してもらうことになる。動産担保融資の仕組み作りにおいて、大きな片腕として活躍した人物である。この大島氏は、この時から月日が流れた七年後に再び一緒に仕事をすることとなる。現在は日本動産鑑定副理事長として活躍している。

大島氏がドン・キホーテに入社したのは二〇〇五年三月。筆者が面接、採用したのだが、彼の経験が半年後に役立つだろうとはその時はまったく予想もしていなかった。

もともと会計事務所にいた人間であり、上場企業にも勤めていた経歴もある。そして、商標権、ビジネスモデル特許の申請を業務として行っていた経験もあった。

会計士なので、銀行のことも企業のことも分かっている。私のアイデアのよき理解者となった。加えて、特許出願にも慣れていた。本来ならば法務部を通して進めるのが筋だったのだが、その時点では法務部の担当者にもなかなか『動産評価業務』を理解してもらえず、時間を争う案件としては〝暗礁〟に乗り上げようとしていた。

その時「それでしたら、私が行ってきます」とフットワーク軽く動いてくれたのが大島氏だった。彼がおらず私一人で進めていたとしたら、これほどのスピードで取り組むことはできなかったと思う。

その大島氏でさえ、何度も特許庁に通って、四度目でようやく受理された。特許庁の人も金融の専門家ではない。なかなか分かってもらえなかった。

ところが何度も通ううちに、一人の女性の担当官だったらしいが、素晴らしく理解を示してくれる人が現れた。彼女がどういった経歴を持っているのか、銀行経験があったのかどうかは謎だ。名前も分からないが、理解者が少ないまま動産担保融資の仕組み作りに乗りだした我々は、彼女の言葉に大きく勇気付けられることになった。

Ⅱ．経済の革命――〝なぜ銀行でもないドンキが〟

「士」の壁

「すごい発見をしましたね。これは経済の発明ですよ」

彼女のこの言葉に勇気付けられた。

あの都市銀行から法改正のニュースを聞いてからわずか二週間後のことだ。社内に理解者がいない。銀行員を呼んで話しても、なかなか分かってもらえない。第四章の後半で登場した、りそな銀行の杉浦氏ともこの時点ではまだ出会ってはいない。杉浦氏については本章の後半で詳しく述べる。極端な話、その時点では世の中で筆者と大島氏の二人だけが盛り上がっているように錯覚するぐらい、心細かったのが偽らざる気持ちだった。

『いいじゃないか。二人だけでも。商標登録の申請費用も、自腹を切ったっていい。そんなに高額でもないし、無駄になってもやってみようじゃないか』

そう開き直って取り組んでいた。

特許庁の受付の人も初めは特許願を突き返すばかりだった。相談窓口で門前払いされてしまうのだ。

結果的には、特許庁に持ち込んだ当初の商標そのものに原因があった。最初は『動産鑑定士』と

【　動産評価鑑定士　】

【　主旨　】

企業の保有する多様な資産活用の一環として、動産公示制度が創設されました。
公示制度の創設にあたり、問題視されているのが事業価値を目利きできる人材、担保価値を見極められる人材が現状このビジネスが誕生していなかった為、育てられていないところにあります。
その問題を解決する為の新ビジネスモデルであります。

【　内容　】

銀行等に借入を依頼する際、借入申込人（全ての個人及び法人）への条件項目として、担保物件の有る無しが依然として重要な審査項目となっております。
不動産担保を所有していない場合、借入（融資）申込に対する審査方法は財務内容等を初めとするデーターの基づき、決められた審査基準のクリアーを条件として、融資の諾否を決定するのが、従来の銀行での融資検討方法でありました。

一方、昨年の11月より、動産公示制度を活用する事により、借入（融資）申込人が生産または、保有する商品（在庫）を動産担保として融資を受けることが可能となりました。
本件は、その際に在庫商品の時価を評価鑑定するビジネスモデルであります。

あくまでも、棚卸金額（最終仕入原価法・移動平均法）とは異なり、在庫商品に対して評価の依頼があった時点で一括転売する場合の時価評価をするものであります。評価に対しては、銀行等の融資判断をする為に活用するものであり、融資金額を決定するものではありません。

動産担保は管理するものではなく、価値があるうちに動産を販売し、現金化することが基本であると考えられます。従ってこの制度を積極的に運用する事により、今後の融資枠を増加させ、結果として企業の事業拡大に繋がり、今までに無い戦略融資のビジネスモデルとして企業の活性化は勿論の事、併せて金融取引の拡大が可能となるものであります。

【　収益構造　】

銀行との業務提携による業務委託契約料
評価による手数料収入

▲「動産評価鑑定士」の商標登録申請に添付した資料。理解されるまで時間がかかった。

いう名で商標権を取ろうとしていた。不動産の場合の不動産鑑定士に当たるものだから、それしかないと考えていた。ところが、これが「不動産鑑定士と紛らわしい」と捉えられてしまったのだ。さらに「〝士〟がつく資格は、弁護士でも、弁理士にしろ、国家資格でなくてはならない」というのが理由だった。民間の一企業が創設できるはずがない、と。

一人の理解者からビジネスモデル特許まで発展

ただ大島氏も諦めず、何度も特許庁に通った。

「こういうビジネスを始めるので絶対必要になるのです」

何度も粘り強くお願いしたが、窓口の人も専門家ではないので、動産担保融資と評価業務について理解できずにいた。

「それでは、二階に行ってこの人に会ってください」

そう言われて向かった先で、彼女に出会うことになるわけである。

商標登録の担当官だった。受付は一階だが、そこで受理された書類は二階に回され、担当部署で処理されることになっている。そのセクションにいたのが彼女だった。

この方が非常に理解を示し、色々と話を聞いていただいたうえで、「こうすれば受付が可能です」という方法を示していただいた。

『動産鑑定士』も商標を少し変えれば受理してもらえることが分かり、そこで『動産評価鑑定士』と名を変えて受付してもらったのである。

「頑張って下さい。これは大変なことになると思います」

誰も信じてくれないと思っていたところだったが、彼女の言葉に大きく励まされることになった。

この時にビジネスモデル担当の方にも話を聞いてもらうことができ、「ビジネスモデル特許も申請するのがいいのではないか」とアドバイスをいただいた。

商標と違い、ビジネスモデル特許はさらに複雑で難しく、しばらく時間がかかったが、これも後で述べさせていただく。

大島氏と彼女とのやり取りのなかで、大島氏は彼女に問われた。

「でも、なぜ銀行ではなくてドン・キホーテがこんなこと考えたのですか」

「これを考えた人は銀行の出身者なのです」

それを聞いて納得したそうだ。

『どうして銀行でもないドン・キホーテが』

後々、違う人の口からまた聞くことになる台詞である。経済産業省、銀行、皆がこの疑問を口にし、筆者が銀行出身であることを伝えると合点する。そのやり取りが繰り返されることとなった。

Ⅲ．動き出した「動産担保融資」

法務局の人ですら知らない現実

二〇〇五年一〇月三日からいよいよ動産譲渡担保登記制度が開始される。

「動産評価鑑定士」の商標登録の申請は無事終えることができたが、やらなくてはならないことが山積みである。急いで目利き人たちを訓練しなくてはならない。早く銀行の人に理解してもらい、評価業務の契約をしてもらわなくてはならない。

すべて一〇月に照準を合わせ、焦って取り組んだ。

理由は、それまでに評価業務の手はずを整えないと、気づいた人がたくさん現れて競争になるかもしれないと考えていたのだ。周囲に理解者が少ないと嘆く一方、本音を言うと、急がないと不利になるとも思っていた。

そして九月になった。

『さあ来月から始まるぞ！』と勇んで出掛けた東京・中野の法務局で、大島氏は肩透かしを食わされることになる。法務局の職員は誰も翌月から始まる制度のことを知らなかったのだ。パンフレットもない。ただ通達書があるだけだった。

銀行員もわかってくれない。法務局の職員も知らない。大丈夫なのだろうか、本当に法改正などあるのだろうか、騙されているのではないか、半信半疑のまま、ついに一〇月三日になった。

さすがに『今日は殺到するだろう』と覚悟して大島氏は法務局に出向いた。ところが、誰もいない。なんでかな、と思いながら窓口に立った。

——すみません、動産担保の件で来たのですが。

「債権譲渡ですか？」

——いえ、動産担保で。

「無いですよ、そんなの」

——いや、ありますって。

見ればプラスチックの板ではなく、ダンボール紙を折り曲げて三角形にしたものが置いてあった。

——ここに書いてあります。この担当の方は？

そう言うと、「あー、私です」と奥から男性が歩いてきた。

「自分が今日から担当なのですが、まだこの話がよく分かっていなくて…」

渡されたパンフレットも、綺麗に印刷され、表面がツルツルした『コート紙』ではなく、両面刷りのカラーコピーだった。今日から制度が始まる、まさに当日の出来事だった。

動産担保について世の中で一番早く法務局を訪ねたのが大島氏だったのだ。銀行よりも早く動いたのだ。まだ誰も気づいていないだけ——大変な先駆者のはずだ。

この話を聞き、筆者は拍子抜けしてしまった。

『なんだか焦って準備してきていた我々が馬鹿みたいだ。一生懸命やってきたのに、なんだ、みんな知らないのか』。

そう呟いた口が乾くか乾かないうちに

『いやそうではないな』と思い直した。

『まだ誰も気付いていないのだから、我々は大変な先駆者である。他の人達は皆、宝に勘づいていないだけだ。進めてきたことは絶対に間違ってはいない』とますます奮い立つ気持ちになった。

実際その通りだった。一〇月までには、訓練の成果もあり、パートナーサポート部の目利き人たちも我々と同じくらいのレベルまで動産担保融資に対する理解を深めていた。自分たちの評価能力のすごさにようやく気づいたのだ。

銀行への啓蒙活動も深まり、銀行により足並みはさまざまだったが、その中では、りそな銀行の感度がよく、『そろそろ実践をしていこうか』という気運になっていた。一〇月中旬、りそな銀行の紹介で経済産業省の担当官が筆者を訪ねてきた。この紹介者がありそな銀行の杉浦氏なのである。

ここから我々の動産担保への取り組みも、大きく展開していくことになる。筆者の考えをすべて申し上げた。評価業務に関する書類も既にできあがっていたが、我々が独自に考えたノウハウであり、要点のみを口頭で説明した。その結果、いよいよ『動産担保融資の夜明け』へと繋《つな》がることになる。

ＡＢＬ研究会からＡＢＬ協会へ

経済産業省の担当官の来訪により、初めて「ＡＢＬ研究会」なるものの存在を知ることになった。

ＡＢＬについては前章で述べたが、アメリカでは資金調達手法の一つとして既に一般化している方法である。このＡＢＬを日本にも導入しようと、経済産業省が設立したのが「ＡＢＬ研究会」だ。銀行、弁護士、商工会議所、大学教授、商社、リース会社や、法務省、金融庁といった関係省庁など有識者を集め、動産担保融資実現に向けて議論していたのだ。

『なんだ、誰も知らないのか』と嘆いていた筆者が、そんなことを知る由もなかった。筆者と大島氏が孤独に取り組んでいた別のところでは、錚々《そうそう》たるメンバーが動産担保について真剣に取り組んでいたのである。その事実を知ったとき、やはり我々の動産担保融資に対する取り組みは間違っていなかったという自信よりも、どちらかといえば安堵の気持ちで満たされた。

「ＡＢＬ研究会」の当時の詳細は分からないが、当然のことながら動産担保融資の対象は全企業向けで検討されていたはずである。

ＡＢＬでは、大口案件については既に取り組みがあった。一品一品の商品規模が大きく、評価、管理がしやすい案件で、一点一点にＩＣタグをつけるコストがかけられる物であり、そうした物については早晩、正式に担保となる可能性が高いと見られていた。

しかし、大企業向けの動産担保融資だけではなく、中小企業のため、経済を活性化させるために、大口案件に限らず動産担保を活用するのが本来のあり方だと思っていた。しかしながら、動産担保を「適格担保」と見なすためにはクリアしなければならない課題が多くあった。その課題をクリアする手法がなかなか見つからない点が、動産担保融資を推進するうえでの大きな壁でもあったと思う。

当法人がその問題点に当初から取り組み、考えた手法が「動産担保付きの無担保融資」である。この考え方に同調し、併せて将来の目指すべき動産担保融資の姿に発展させる考えを示したのが、りそな銀行だった。そのりそな銀行が「ＡＢＬ研究会」の委員として参加することになったが、このりそな銀行の担当者として杉浦氏が登場する。

筆者の考え方を活かした、りそな銀行の動産担保融資への取り組みが、「ＡＢＬ研究会」の場を通して世に広まる結果になったと思う。

二〇〇七年六月、経済産業省主導により任意団体として「ＡＢＬ協会」がスタートし、この協会設立に向けたワーキンググループのメンバーに、筆者も参加する事となった。

かくして筆者の夢も、動産担保融資の実現に向けた中小企業支援への思いを胸に一生懸命取り組んでいれば「大変なことになるのではないか」。そんな予感を感じてはいながらも、まさか自分がここまで先頭に立って世の中を動かすことになるとは思いもしていなかったのが実のところである。

Ⅳ．ビジネスモデル特許

目利き人の眼力をビジネスモデル化

二〇〇五年一二月二七日、「動産評価方法及び装置」のビジネスモデル特許の出願が受理された。動産評価の仕組みそのものの特許。単に新しいエアコンを特許申請するのとは訳が違い、必要となる書類の量も多く、複雑で時間もかかった。

「動産評価鑑定士」の商標登録の際に、ビジネスモデル特許にも取り掛かる必要があるということから、その年内には申請するという話になったが、さすがの大島氏もこれは自分だけでは処理できないと判断し、筆者に対して「本部長、費用がかかっても弁理士にお願いしたい」ということになった。

そして、依頼した弁理士の方が、非常によく我々の話を理解してくれる人物だったのだ。筆者と弁理士とのやりとりの間で通訳のような役割を担ったのが大島氏だった。

当初、筆者は前章で述べたような「動産担保による新たな資金調達の仕組み」そのものが丸ごとビジネスモデルだと思っていた。ところが、ビジネスモデルとして申請できるのは評価業務の部分だけだったのだ。動産を評価する際の手順がシステマティックに、まるで方程式のように整理され、システム化されたものが書類に落とされている、それがビジネスモデルなのである。要するに、目

ビジネスモデル特許（特許第4219382号）（特許第4646996号）
（ビジネスモデルを活用し、企業からも金融機関からも信頼される企業診断へ）

このビジネスモデルを活用することで、中小企業取引を推進する金融機関に対し、日本動産鑑定が動産（在庫商品）を評価鑑定して判明する企業実態を正確に伝えるにより、従来の不動産担保や保証人に過度に依存した融資実態から脱却し、企業の実態を従来以上に理解したうえで適切なアドバイスを提供することにも役立てられます。
(このことはリレバンを推進するうえでの重要事項)
また、中小企業から貸し渋り、貸し剥しの批判をうけることのないように企業実態に反映した融資判断を下すための補完機能としての活躍も大いに期待できます。

（取得日：2008年11月21日）

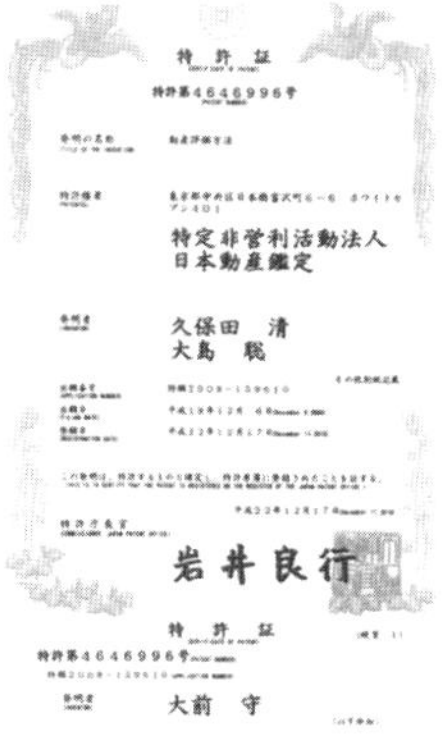

（取得日：2010年12月17日）

利き人たちの眼力そのものがビジネスモデルということである。

もちろん、彼らは評価ノウハウを持っている。彼らは世の中にあるあらゆる商品を一品一品、自らの経験とデータを使って値踏みしている。しかし、すべては彼らの頭の中だけで行われている作業で、体系化や書面化されていないのが現実だった。

そこで、評価の際にこの職人たちの頭の中に何が起こっているのか、書き出してもらった。例えば、食品ならどうか、衣類なら、家電なら—といった具合に、一体どのような基準で物の価値を見極めているのか、などを整理してもらった。

オリジナルのノウハウを特許申請

そして、彼らの評価能力のすごさを再確認することにもなった。

一つの商品に対し、チェックする項目が一〇〇個にも上る。例えば、家電であれば、製造は何年もの

日本動産鑑定が保有する特許、商標の取得一覧

【特許】2008年11月21日　動産評価方法および動産評価システム
2010年12月17日　動産評価方法
2018年４月27日　事業性評価方法および事業性評価システム　太陽光
2021年５月26日　事業性評価方法および事業性評価システム　養殖

【商標】2012年６月８日　動産評価アドバイザー
2016年10月14日　事業性評価アドバイザー

【商標】2016年12月22日（2006年６月２日）　ロゴマーク（APPRAISER）
2017年４月20日（2005年８月19日）　動産評価鑑定士
※この２件の商標登録は、ドン・キホーテ時代に取得した商標だが、2016年12月22日と2017年４月20日に日本動産鑑定が買い戻した

※現在はこれらの知財戦略を進めながら目指す事業性評価を推進中

か、傷の有無、電力消費量など。衣類であれば、素材は何か、店頭で飾られていた日数は長かったのかどうか、匂いはするのかしないのかなど。とにかく専門的な項目がずらりと出てきたのだ。ある一つの品物を、彼らは一〇〇項目にも及ぶ角度から見据え、価値を見極めていた。

完成した商品カテゴリーごとのチェックリストを使い、商品データを用いて動産を評価する手順をシステム化したものが「動産評価方法及び装置」のビジネスモデルである。

このノウハウは完全に我々独自のもの。なかなか他の人が簡単に真似できるようなものではない。ただ、特許申請をすることが将来の評価業務に活きる日が来ると思い、申請した。

引き続き、次には評価会社としてのシンボルマークも考えた。この頃は既に目利き人たちが「動産評価鑑定士」として業務を行っていた。それだけに、評価時に携行・着用するバッジも制作する必要があるし、名刺へのマーク記載も一など、評価会社に関する部分は、後に紹介するパートナーサポート部の人たちが中心となって動いてくれた。

V. りそな銀行と共に始動

中小企業の在庫評価がカギ

動産担保融資への取り組みを一〇〇メートル走に例えれば、出遅れてスタートしたのがりそな銀行だった。みずほ銀行が五〇メートル先を走っていたとすれば、スタートラインに足をかけようとしていたのがりそな銀行。二〇〇五年八月の段階では、それが実感だった。

ところが、二〇〇五年の年末になると、中小企業向の動産担保融資に一番理解を深めていたのはりそな銀行だった。今までりそな銀行の「り」の字もなかった「ＡＢＬ研究会」に途中参加し、我々の考えた評価業務をそろそろ実践として使っていこうという気運にまで高まっていた。

出遅れた走者をトップランナーにまで押し上げたのは、今まで再三登場してきた、りそな銀行の杉浦氏だ。この杉浦氏がご案内の通り、その後日本動産鑑定を共に盛り上げる一員となったのだ。

初めに筆者のアイデアを話したのは、杉浦氏ではなく、取引銀行窓口であるりそな銀行新宿支店営業部長である中村氏だった。中村氏が、この話に最もキャッチアップできるのは杉浦氏だろうと予想し、筆者と杉浦氏を引き合わせたのだ。企業金融部事業戦略室シニアクレジットオフィサーである杉浦氏。本部で不良債権処理、事業再生に関わる企画や営業店支援の担当だった。この二氏については、後に再度紹介する。

この中村氏の読みが大正解だった。しかしながら当初は杉浦氏も動産担保についてよく分かっていたとは言えなかった。ところが感度よく反応し、自ら動産担保について勉強し、巻き返していった。筆者がりそな銀行のＯＢであるということから「先輩がこれだけ熱心に説くのだから」と、尻に鞭が入ったのかもしれない。その結果、既に紹介した通り、杉浦氏が「ＡＢＬ研究会」委員に抜擢されることとなった。それまでは都市銀行では、みずほ銀行と三井住友銀行だけがメンバーだった。当然、りそな銀行の杉浦氏の名前はなかった。杉浦氏が加わり会合が回を重ねる度に「動産担保融資において銀行に杉浦あり」となっていくのである。そのはずである。当時、筆者と常にやり取りしており、中小企業に向けた在庫評価手法を採り入れた具体的な動産担保融資として毎回、精度を高めた形にして発表できるようになっていったからだ。

我々の考えた評価業務、りそな銀行の動産担保融資への取り組み、両者の思いがしっかりと合致することになった。後日、こうしたすべてを杉浦氏が広めることになっていくことになる。そして、この杉浦氏が二〇一六年九月には日本動産鑑定に入社することになったのだ。

第一号案件を実施

二〇〇五年の年末には、気付けば我々の推進する中小企業向けの動産担保融資については、りそな銀行がトップを走っていた。そして実践に移す必要があり、この評価業務を試行させてもらうことになった。そこで試験的にある企業の在庫商品をサンプルとして評価することが、二〇〇五年中に決定し、二〇〇六年一月、当社の目利き人が「動産評価鑑定士」としての初仕事を迎えることになった。サンプル案件なのでこの評価料金は無料で対応した。

完成した鑑定書を見てりそな銀行の人たちは〝鳥肌が立った〟という。これまで述べてきたように「流通価格」と「処分価格」を算出したが、それがいかに取引先企業の帳簿価格と異なっているかも実証された。帳簿上は一万円となっている商品だが、当社の鑑定士の眼はそうは見なかった。

「確かにこれは一万円していました。しかし今春から他の商品が出てきますから、もう五〇〇〇円です。早く売らないと下手すれば二〇〇〇円、一〇〇〇円になってしまいますよ」

銀行にはそんなことまで分からない。一万円と言われれば、いつまで経っても言われた通りの金額で見ているのである。

「これは大変なことだ。今までなぜ気付かなかったんだ。こんなことまで分かってしまうのか。そんなことも分からずに仕事をしていたのか」

りそな銀行の本部の人たちは騒然としたそうだ。

「どうしてドン・キホーテがこんな発想ができるんだ。これを作ったのは誰だ」

「当行のOBが行っているのです」

「銀行OBか。なるほど、納得できる」

と、ここでもこのやり取りが繰り返されたようである。

ここからまた、りそな銀行の動産担保への取り組みが加速していくことになるのである。

Ⅵ．革命の立役者たち

振り返れば多くの理解者がいた

二〇〇五年八月三日に法改正のニュースを聞いて動産担保による新しい資金調達の仕組みがひらめいてから、三年以上が経過した。

思っていた以上に大事になり、自分でも不思議でならない。五八歳（当時）になって、ましてや銀行を卒業してから銀行を救う発見をするとは思わなかった。動産担保融資は、ある面では中小企業だけでなく銀行を救う発明でもあると思う。

もっとも、筆者一人の力でここまで来たわけではない。

何度となくつまずき、立ち止まり、喘ぎ、そしてまた……一歩。どれほどの数のハードルを越えてきたことか。しかし不思議なことに、その都度思いもよらないたくさんの志を共にする人たちと出会い、励まし、協力がまるで泉が湧き出るかのごとく次から次へと現れたのです。固有名詞こそ出せないが、金融機関以外の多くの人たちにも支えられた。

動産担保融資を啓蒙していく講演の依頼も着々と増えた。わずか一年でこれほどの進展をすることができたのは、共に取り組んだ仲間たちがいたからだ。

本章の最後に、彼らを紹介する。妙な話だが、皆がこの動産担保に向けて集まってきたような、不思議な感覚がある。出発点は違うのに、糸で結ばれ何かに導かれて流れてきたような、偶然とは思えない経歴を持った仲間もいる。

大島、猪西、大前、武田、織田各氏。まずはこのドン・キホーテ五人衆だ。

経理部財務担当次長・大島聡（当時）

彼が筆者の強い片腕となった。前任者が辞めることになり、筆者が面接を繰り返してやっと見つけた人間。法改正のニュースを聞くわずか半年前に入社した。

頭を丸めた、強面の大男。冬は黒い帽子とコートを身に着けるので、まさに漫画の「笑うセールスマン」そのものだ。「人が道よけてくれますね」とは苦笑いしながらの本人の談。見た目は怖いけれど中身は優しい、ユニークで優秀な財務マンなのだが、実を言うと最初に大島氏の履歴書を見たときに捨てようと思ったのも事実だ。

見るからに風体が悪い。頭は丸めている。写真は白黒。ただ、学歴と経歴には非常に好感が持てた。既に三人ほどと面接をしていて、続けて断った後のことだった。どうせまた駄目だろうと思いながら会ったのだが、筆者の予感は見事に狂う結果となった。そして、この人しかいないと直感が働いたのだ。

本章冒頭でも述べた通り、この採用から半年後に、思いもよらず彼の経験が本当に役立つことになったのだ。

大島氏はもともと会計事務所にいた。中小企業の相談相手になって銀行と交渉していたのだ。筆者とは逆の立場で、バブル経済崩壊と闘ってきた男でした。銀行の在庫評価がいかに不十分であったかも、身を持って知っていたのだ。

さらに上場会社にも勤めており、商標権、ビジネスモデル特許の申請を業務として行っていた経験もあった。これが当社の特許申請の際に活きることとなったのである。

思えばまるで今回の動産担保融資への取り組みのために生きてきたかのような、素晴らしい経験を備えた人と巡り合えたのだ。反省を含め、人間は風体で判断してはいけないということだ。その大島氏が、既に述べた通り、今や日本動産鑑定の副理事長として大きな役割を担っている。

経理部財務課課長代理・猪西

猪西氏は筆者と同じりそな銀行の出身者。一〇年間銀行に勤め、ドン・キホーテに転職した。彼もまた筆者と同様に、バブル経済崩壊後の不良債権処理を行ってきた男。大島氏と共に、筆者の発案のよき理解者となった。バブル経済崩壊後、銀行のステータスはどんどん落ちていった。バブルという大きなうねりのなかで、自分が目指していた銀行員の未来像が崩れていくのがおそらく見えたのだと思う。筆者が経験したバブルは第二章で書いたが、銀行員にとってバブル経済崩壊というのは二度と味わいたくない酷いものだったのである。

猪西氏の入社は大島よりも三年以上前だった。このときも既に面接で三、四人断っていた。そこに「本部長と同じ銀行の人が来た」という話に。聞けば、銀行では外国為替の実務を行っていた。これからドン・キホーテが海外進出をすることになれば、彼の力が役立つ日がくる、銀行のことがわかるので、取引銀行との折衝も行える、そう考えて採用した。偶然にも今回の動産担保の件で、私と同様に銀行員経験を活かすことになったのだ。

筆者と大島と猪西各氏、初めは理解者は社内でこの三人だけだった。しかし、小売畑の目利き人たちも徐々に追いつき、我々と同レベルの理解度にまで達していたのだった。大前、武田、織田の三氏。彼らが我々三人にはない在庫診断の能力を持った評価人たちだった。

パートナーサポート部長・大前（後の日本動産鑑定・初代副理事長）

彼が「動産評価鑑定士」の第一号。すでに触れているが、パートナーサポート部は、もともと筆者がいた業務本部のセクションではなかった。ここにも幸運の女神が宿っていたことになる。

筆者がドン・キホーテに出向する一年半前に、営業本部内に「一括商談本部」というスポット商品を仕入れるための部隊が立ち上がった。これが、本社移転に伴い「パートナーサポート部」と名称を変え、業務本部に加わることになった。二〇〇五年六月、〝発見〟のわずか二カ月前のこと。八月三日に向けて皆が集結してきたのだ。

評価業務の部分に関しては、大前氏が主役となって進められた。

パートナーサポート部課長・武田

大前氏の下にいたのが武田氏だ。彼もまたプロの目利き人であり、大前氏の強い片腕として評価業務の枠組み作りに貢献した。

パートナーサポート部係長・織田

彼は既に動産担保融資に取り組み始めた後に入社した人物。ドン・キホーテではないディスカウントストアに勤務しており、そこで独自に目利き能力を磨いていた。大前氏が見初め、評価業務を推進していくために採用した。

ドン・キホーテの前身は『リーダー』という卸会社だったのだが、何とリーダーの社長はドン・キホーテの安田隆夫氏であり、織田氏は当時の安田社長に鍛えられていたのだ。これも何かの縁かもしれない。織田氏は、共に日本動産鑑定の立ち上げに加わってくれたのだが、不幸にも病に侵されてこの世を去った。当時、織田氏は大阪地区を担当し、動産評価を世に広める一人として大きな活躍をしてくれた。今、元気にいてくれたらどんなに喜んで共に美味しいお酒を酌み交せたことか。残念でならない。ご冥福を祈るばかりである。

続いて、いち早く評価業務の重要性を見抜き、一緒に動産担保融資実現に向けて取り組んだのがりそな銀行新宿支店営業部長の中村氏と、杉浦氏だった。

メイン銀行窓口である中村氏に、私のアイデアを話した。中村氏は一見飄々とした人間だ。言葉や態度から「お前、真面目にやれよ」と言いたくなるほど腰が軽い印象を受ける。ところが付き合えば付き合うほど味が出る。第一印象と、付き合った後の評価がこれほど変わった人物は初めてだ。

彼も他行のようになかなか私の発案を理解してくれないのかと思いきや、抜群の感度を見せてくれた。自分一人の力だけで手に負える話ではないと判断し、本部の杉浦氏を私に引き合わせたのだ。これが大正解。中村氏の想像に違わず杉浦氏も敏感に反応し、自ら動産担保への理解を深め、今や「動産担保融資に杉浦あり」となっているのは先に述べた通り。経済産業省主催の動産担保融資の講演会に、金融機関代表の講師として呼ばれるほどになった。

銀行は組織が大きく、他の部署に投げかけた話がうやむやになってしまうことも多々ある。投げかける人を間違ってしまったら、筆者の話もそのままかき回されて終わりということになった可能性もあった。飄々とした中村氏は、方向性を間違わずに杉浦氏を選ぶことができたのである。彼こそまさに動産担保普及への「コウノトリ」役を務めた人物ではないかと思う。この二人がりそな銀行を我々の推進する中小企業向け動産担保融資のトップランナーに押し上げた張本人である。

最初は「誰も分かってくれない」と嘆いていた筆者だが、振り返れば理解者たちに恵まれていた。ドン・キホーテ社内には大島と猪西の両氏がいた。同じように説明してもほとんどの銀行にわかってもらえないなか、中村氏と杉浦氏の感度はずば抜けていた。

また、三井住友銀行の動産担保融資への取り組みについては、大型案件での取り扱いの考え方が主流で進むなか、窓口である馬渡氏、竹澤氏、打矢氏の三氏が中心となり、一歩一歩中小企業向けの動産担保融資についても実現に向け必死に闘っていた。りそな銀行の中村、杉浦両氏に負けず劣らず、筆者にとって大きな支えとなっている方々だ。

そして、その他多くの金融機関の担当者の方々との間にも動産担保融資の導入をめぐり、数々のドラマが生まれた。

一年で到達できた原動力

一方で、まったく同じ話をしているのに理解できない人達もいる。おそらく、不動産担保融資が固定観念として定着しているために、素直に動産担保融資を受け入れる余地がないのだと思う。動産担保融資を受け入れてもらうためには、本書の序章で説明した通り、動産担保評価（融資）に対する取り組みが債務者とのコミュニケーションを活性化し、金融機関として継続的に実施しなくてはならない債務者へのモニタリングが必然的に行われることにつながる、という点の重要性を理解することが必要だと思う。

さらに、このことを理解すると同時に、職業人として、改めて感性の大切さを見直して欲しいと願っている。仕事も運動能力も、感性というのはすべてに通じていると筆者は思う。感性の乏しい人には、今回の動産担保融資のような過去の概念を覆す新しい仕事を受け入れることは大変難しいのではないかとさえ感じる。

誰も今回の発見のすごさに気付いてもらえず、ただ一人で進めていたら、たった一年でここまでの進展にはならなかったと思う。この発明が実るまでにさらに年月を費やすことになったはずだ。しかし、実際の普及には発見から一〇年の月日を要することとなる。感性を持った方々に恵まれて、やっとここまで来ることができたのである。

Ⅶ．ＡＢＬのスキームについて

先ずは次ページのスキーム図をご覧いただき、図の中の評価業務について役割を説明したい。

一つは、金融機関が取り扱う動産担保融資に対し、金融機関からの依頼により融資対象となる取引先企業の動産評価（在庫評価）を実施することで、担保価値の把握に役立てることになる。

※二〇一三年（平成二五年）二月に金融庁より出された『ＡＢＬ（動産・売掛金担保融資）の積

極的活用について』の中で、担保とする不動産、動産及び売掛金の処分可能見込み額の算出に使用する掛け目について、合理性が確保されない場合の一定基準として、以下の掛け目が挙げられた。

◆ **不動産　土地・建物　評価額の七〇％**

◆ **在庫品・機械設備　評価額の七〇％**

◆ **売掛金　評価額の八〇％　【注】評価額＝時価価格**

※その後二〇一九年（令和元年）一二月金融検査マニュアルは廃止された。

私見だが、現在不動産、動産、売掛金担保を活用している金融機関では、担保価格の目安として、この掛け目の考え方を引き続き採用している金融機関が大半を占めていると思われる。

もう一つの役割の考え方は、動産評価を実施する事により企業診断が出来る点にある。

すなわち、融資先の実態分析やモニタリングをする場合の手法として活用する事により、従来の財務分析主体の企業分析に比べ、より実態に迫った企業分析が可能となる。このことで、取引先企業へのアドバイスの精度は格段に向上し、金融機関に対する信頼度は一層高まることが期待される。

この二つの評価業務の役割を考えると、従来の財務諸表で予測した在庫額把握方法に比べてより企業の実態が明らかに向上する事が理解できると思う。

また、万が一融資先企業にデフォルトの兆候が現れたり、過剰在庫の処分が必要になったときは、金融機関からの要請により商品の買い取り（処分）の窓口業務として日本動産鑑定を指名いただければ対応させていただく。

ABLのスキーム

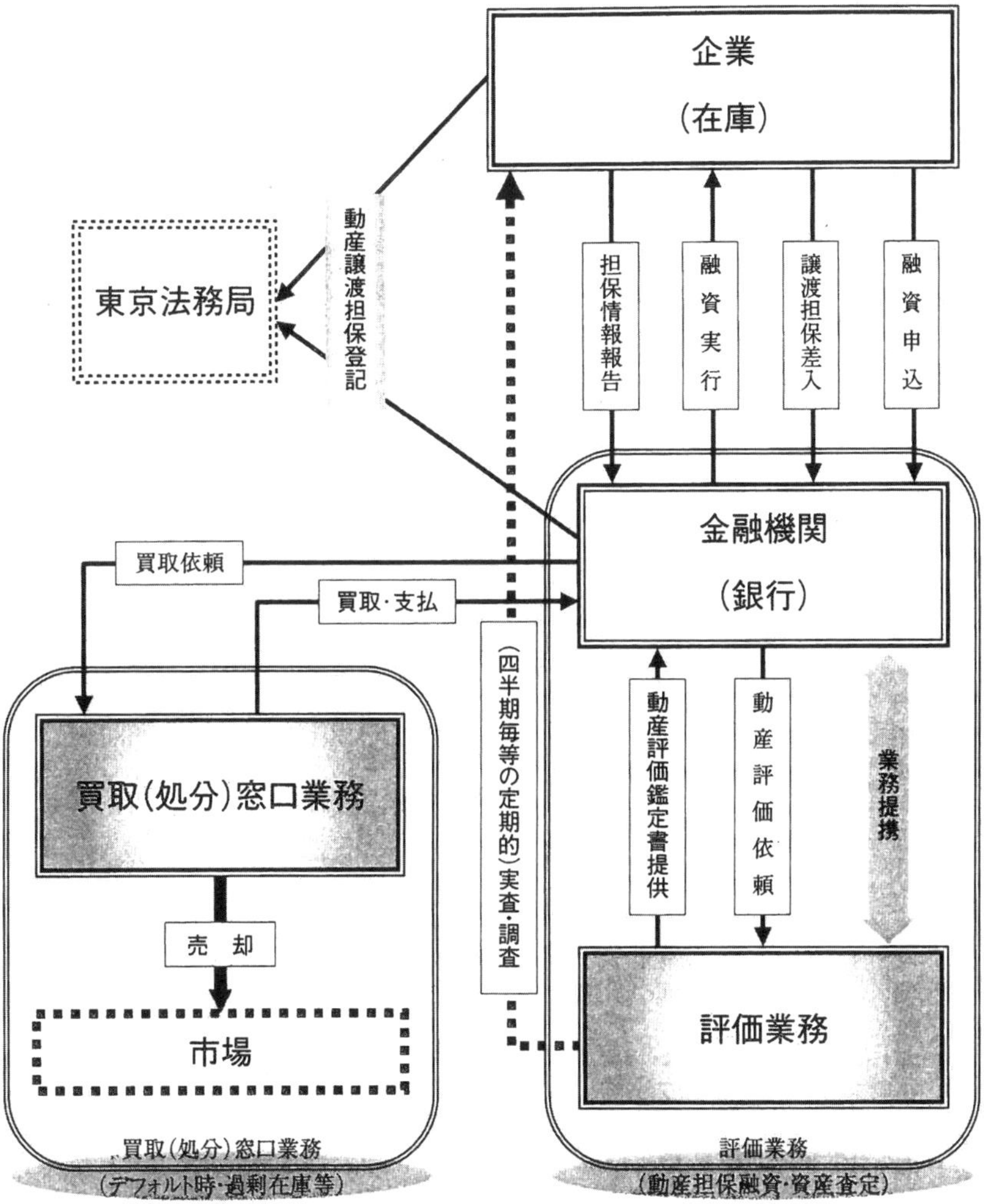
企業
(在庫)
東京法務局
動産譲渡担保登記
担保情報報告
融資実行
譲渡担保差入
融資申込
金融機関
(銀行)
買取依頼
買取・支払
(四半期毎等の定期的)実査・調査
動産評価鑑定書提供
動産評価依頼
業務提携
買取(処分)窓口業務
売却
市場
評価業務
買取(処分)窓口業務
(デフォルト時・過剰在庫等)
評価業務
(動産担保融資・資産査定)

ご参考

◆鑑定評価書作成に必要とする日数は、基本的には評価実施後七営業日以内。ただ、至急案件については三日間での完成可能（評価料金は別料金）。

◆結果については、「動産評価鑑定書」として、金融機関及び依頼先に提出。

※現在の鑑定書の名称は『事業性評価書の中の動産評価鑑定書』（現在の鑑定評価書参照）

【評価鑑定書の変遷】

SAMPLE
動産評価鑑定書
APPRAISER
JAPAN
PERSONAL PROPERTY
PA
特定非営利活動法人 日本動産鑑定

SAMPLE
事業性評価書
① 動産評価鑑定書
② 知的財産評価書
3 売掛債権評価書
APPRAISER
JAPAN
PERSONAL PROPERTY
PA
特定非営利活動法人 日本動産鑑定

◆鑑定評価内容については、価格は帳簿価格、流通価格（店頭等での実際の売価価格）、処分価

格の三つの価格を計上（※第四章　発明の〝瞬間〟の動産評価鑑定書の見方参照）

◆帳簿価格は、依頼先から提供された在庫表の数字をそのまま計上。流通価格は、店頭での現時点での売価を計上。処分価格は、評価基準日に実際に商品を処分した場合の予想価格（複数の買取希望価格の中から最安値を計上）

※なぜ最安値を処分価格とするかは、処分（販売）時の実態価格により近づけるため。つまり担保価値を金融機関が正しく判断するため。

これでＡＢＬスキームの概要は理解できたと思う。

第六章　自前評価に向けての実務

Ⅰ. 動産評価、事業性評価アドバイザーの養成

金融機関には、企業に対する事業性評価の拡充、高度化の実践が求められている。実践するためには、企業を見る力、目利き力が必要で、それを高めるためには評価できる人材の育成が急務となっている。日本動産鑑定では、こうした金融機関等における事業性評価人材の育成を支援する取組みに力を入れている。評価人材の育成では、最終的に行職員自らが評価業務の一部を担う『自前評価者』の拡大を目指すが、先ずはその基礎となる『動産評価アドバイザー』と『事業性評価アドバイザー』の養成に向けて各認定講座と認定試験を実施している。それらの概要は以下の通り。

◆**動産評価アドバイザー養成認定講座**

■二〇一二年から三一回開催。この他に、北海道（札幌）、九州（福岡）、沖縄（那覇）での地区開催を実施。合計三四回開催。

■認定取得者一二一七人（二〇二二年九月末現在）

◆**事業性評価アドバイザー（二級）養成認定講座**

■二〇一四年から八回開催

■認定取得者　二七四人（同）

◆事業性評価アドバイザー一級者認定

■三回開催。

■認定取得者　一七人（同）

（実務研修・認定講習）

◈自前評価者

動産評価アドバイザー

『動産評価アドバイザー』は、企業活動の基盤となる動産を適正に評価することで、企業の実態を正確に把握できる人材を養成する事を目的としている。動産の適正評価は、企業の永続的発展のために欠く事の出来ないことであると同時に、企業を取り巻く金融機関等の利害関係者にとっても最重要課題となる。

動産評価アドバイザーは、こうした社会の要請に応えるべく、動産評価の『目利き力』を持った人材を育成する活動を支援するために、その能力を担保するものとして、動産評価養成認定講座の修了者に認定試験を実施。合格基準をクリアした者を『動産評価アドバイザー』として認定し、同称号を付与している。

「事業性評価アドバイザー2級」から「事業性評価アドバイザー1級」への流れ

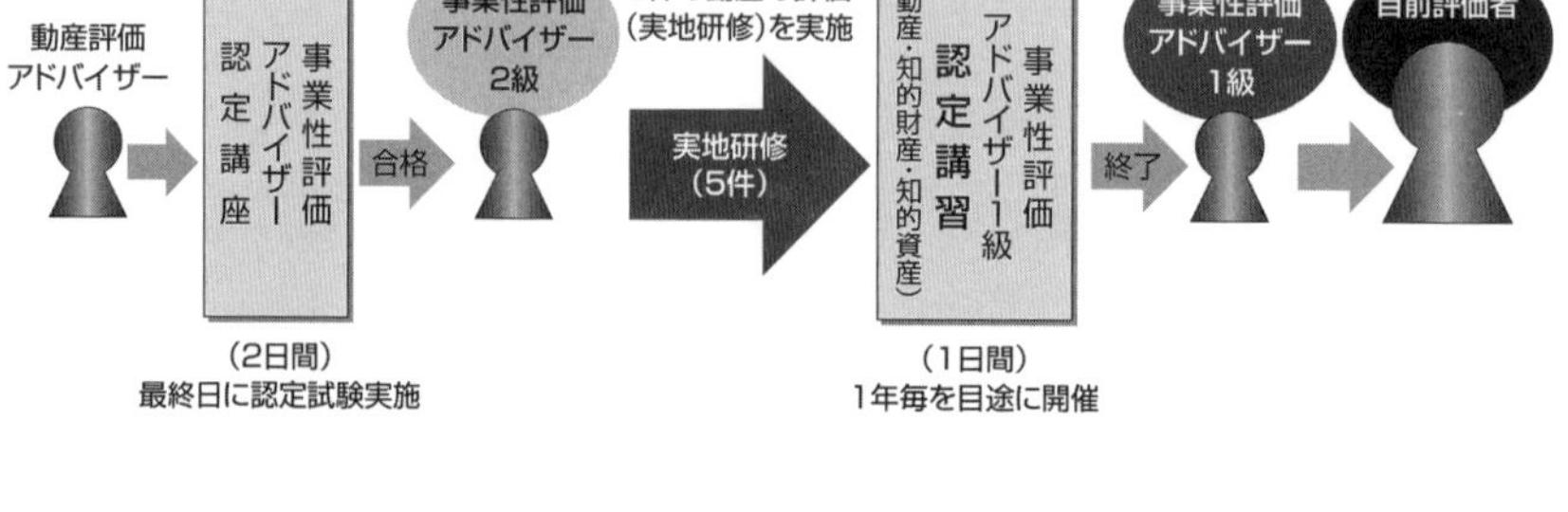
動産評価
アドバイザー
事業性評価
アドバイザー
認定講座
合格
事業性評価
アドバイザー
2級
5件の動産の評価
（実地研修）を実施
実地研修
（5件）
事業性評価
アドバイザー1級
認定講習
（動産・知的財産・知的資産）
終了
事業性評価
アドバイザー
1級
自前評価者
（2日間）
最終日に認定試験実施
（1日間）
1年毎を目途に開催

事業性評価アドバイザー二級

『事業性評価アドバイザー二級』は、動産評価アドバイザー認定試験合格者が対象。講座内容はより高度となり、特に知財評価についてより深く追究。事業性評価能力の向上にチャレンジできる講座で、講座修了者には認定試験を実施。合格者には『事業性評価アドバイザー二級』を認定する。

事業性評価アドバイザー一級

『事業性評価アドバイザー一級』者は、事業性評価アドバイザー二級合格者が対象となる。当法人の動産評価鑑定士が帯同した五件の動産評価の実務研修を修了し、認定講習を受講することが要件。動産評価鑑定士の鑑定士補として認定を受けた者に与える称号として『事業性評価アドバイザー一級』を認定する。事業性評価アドバイザー一級者は『自前評価者』として日本動産鑑定が評価を行う実務に参加し、動産評価鑑定士の指示に従い評価の一部を担当、実査する。事業性評価アドバイザー一級者は、業務に見合う報酬も受け取る事が可能となる。経験を積むことで将来、自らの金融機関の動産評価で、目利き力を活かした評価を実施できる人材として育つことが期待される。

Ⅱ．金融機関の手による低コストでの棚卸に向けて

金融機関が自前評価したい案件（企業）については、先ほど説明した事業性評価アドバイザー一級認定取得者が、評価実践を経験し、評価するための知識を身に着けた人材であり、自らの金融機

関内の動産評価について自前で評価することが可能である。これまでは、日本動産鑑定に評価を依頼し評価料金を支払う立場だったが、自前評価を実施した業務の範囲により評価料金が抑えられ、評価に携わった内容により、金融機関は評価手数料の一部を取引先から得る事も可能となる。

金融機関が自ら事業性評価を実施し、企業へのコンサルティングを推進する上で、金融機関にとり念願であった評価の内製化に向かうことにつながっている。

何故、評価の内製化か！　前述したように、中小企業や個人事業主では、自分で棚卸をしていなかったり、在庫表を作成していない企業が相当数存在している。本来は自社で実施しなければならない当然の事だが、手間と費用負担という点から、在庫表を作成しない事は前に触れた通り。このことが、金融機関が事業性評価アドバイザー人材を育成する必要性につながることになった。棚卸を実際に金融機関が行うとなると、さすがに無理も生じる。こうした棚卸の課題解決への対応については『第一二章　金融機関の事業性評価』の中で、『小口棚卸』として情報をお伝えしたい。

第七章　養殖業の事業性評価を本格展開へ

〝海面養殖〟〝貝類〟〝藻類〟〝陸上養殖〟

Ⅰ．養殖業成長産業化の推進

農林水産省・水産庁は二〇二〇年（令和二年）七月、「養殖業成長産業化総合戦略」を公表（二〇二一年七月改訂）した。国としては、日本の魚類養殖業について、水産資源の漁獲が不安定なだけに、計画的で安定的に生産できる養殖に対する期待度を高めている。ただ、全体像の理解が進まず、誤った理解では、混乱・停滞が生じ、関心を失った結果、養殖業の衰退を招く危険もある、とする。そこで、戦略的に養殖品目を設定し、生産から販売・輸出に至るまでの総合戦略を立てた上で、養殖業の振興に本格的に取り組むために、「養殖業成長産業化総合戦略」を策定することにしたものだ。養殖業の全体像を正しく理解してもらうことで、生産中心のプロダクト・アウト型から、生産から販売・輸出に至る関係者が連携し需要実態を強く意識できる「マーケット・イン型」に転換することでバリューチェーン全体の付加価値を高めていこうという狙いがある。

ただ、魚類養殖業と貝類・藻類養殖業では抱える課題が異なり、対策の検討やアプローチも違ってくることから、まずは議論を先行して取り組んできた魚類養殖業について二〇二〇年七月に策定。その後、貝類及び藻類の養殖業（以下「無給餌養殖業」と総称）の戦略を策定した。生産者、生産資材事業者、流通業者、加工業者等の養殖業の関係者だけでなく、外部からサポートしていく金融や環境保全等の関係者も、総合戦略を通じて養殖業の全体像の理解が深まり、ビジョンが共有され、養殖業の成長産業化に向けて取り組まれていくことが期待されている。

Ⅱ．事業性評価ガイドラインの概要とマーケット・イン型養殖業の推進

金融機関の養殖業に対する経営実態の評価（事業性評価）を容易にするため、「養殖業事業性評価ガイドライン」を二〇二〇年四月に「魚類」、二〇二一年四月に「貝類」「藻類」「陸上」を対象に策定した。ガイドラインは、融資円滑化や金融機関による養殖事業者へのアドバイス等金融仲介機能の発揮を促すことが目的となっている。

日本動産鑑定は、二〇二〇年四月の「魚類」、二〇二一年四月の「貝類」「藻類」「陸上」の各ガイドライン策定を担当した。さらに、二〇二二年四月に公表された魚類養殖及び貝類・藻類・陸上養殖の策定・更新に係るガイドライン策定にも継続して参加している。策定では、水産庁、特定非営利活動法人 水産業・漁村活性化推進機構（水漁機構）とともに、全国の養殖事業者及び取引金融機関の協力を得て、現地視察やヒアリングを実施して策定している。

ガイドラインの概要は、

(1)基本的留意点＝経営特徴、金融事情、食の安全・環境配慮、リスク回避策等

(2)事業性評価の項目と評価方法＝市場動向、経営事業継続力、販売力、動産評価、品質生産管理、リスク管理・対策

⑶養殖業ビジネス評価書＝金融機関が養殖業の事業性を正しく理解するための手段。事業を見える化し融資の判断材料として活用可能

という内容。

ガイドラインでは評価項目と評価手法に基づき作成する「養殖業ビジネス評価書」の作り方を示し、養殖業の事業性が〝見える化〟されやすくなっている。このほかに、動産登記上の留意点、第三者の評価機関を活用した事業性評価の実施の流れ、事業性評価に必要となる資料やデータの出典を含めて、金融機関が養殖業の事業性評価に必要な融資の判断材料を提供している。

水産庁としては、ガイドラインを通じて、金融機関が第三者の評価機関を活用しながら、養殖業の将来を見据えた事業性を評価することで、融資の円滑化を進め、金融機関が地域の養殖業のアドバイザー（目利き人）となることを期待している。

評価項目と評価結果の一覧例

No	大項目	No	中項目	配点	評価点	平均点
1	市場動向	1-1	過去・現在・将来の動向	5	3	4.0
		1-2	市場規模	5	5	
2	経営事業継続力	2-1	養殖事業計画・経営基盤	5	5	4.3
		2-2	漁場環境	5	3	
		2-3	養殖事業継続実績	5	5	
		2-4	採算管理の実施	5	5	
		2-5	経営者の経営能力・手腕	5	5	
		2-6	餌の調達力	5	3	
		2-7	人材育成	5	3	
		2-8	事業の将来性・可能性	5	5	
3	販売力	3-1	販路先の確保	5	3	3.7
		3-2	販路拡大への取組み	5	3	
		3-3	商品開発力・加工販売力	5	5	
4	動産価値	4-1	換金容易性	5	3	4.5
		4-2	在庫バランス	5	5	
		4-3	物量	5	5	
		4-4	将来予想価格	5	5	
5	品質管理・生産管理	5-1	稚魚調達・リスク分散	5	5	4.2
		5-2	餌の工夫	5	5	
		5-3	清掃・洗浄	5	5	
		5-4	品質管理全般	5	3	
		5-5	生産管理全般	5	5	
		5-6	衛生管理全般	5	3	
		5-7	出荷時能力	5	5	
		5-8	加工技術・物流	5	5	
		5-9	認証取得	5	3	
		5-10	知財取得	5	3	
6	リスク管理・対策	6-1	天災回避対策	5	5	3.5
		6-2	病気対策	5	5	
		6-3	環境変化	5	3	
		6-4	共済加入有無	5	5	
		6-5	損害保険加入有無	5	0	
		6-6	市場リスク	5	3	
				165	134	4.1
				100点換算：	81	

各項目において、以下のとおり評価
0・・・何もしていない、1・・・ほんの一部分を実施（十分でない）、3・・・養殖業として基本的な取組みを実施、または問題ない状況
5・・・特別に十分な取組みを実施、または、良好な状況

詳細評価結果例　①市場動向

※評価書フォーマット（抜

評価結果

評価合計　8点/10点

評価項目平均　4.0点/5点

・当該当該養殖魚の需要トレンドは10年間で横這い減少傾向にあるが、養殖魚種の市場規模は相対的に上位に位置している

No	大項目	評価項目		点数	コメント
1	市場動向	1	過去・現在・将来の動向	3	・ 当該養殖魚の需要トレンドは10年間で横這い減少傾向
		2	市場規模	5	・ 養殖魚の出荷高の25%を占める市場規模

（出所：水産庁資料）

詳細評価結果例　②経営事業継続力

※評価書フォーマット（抜粋

評価結果

評価合計　34点/40点

評価項目平均　4.3点/5点

中期経営計画の策定・管理、単位採算管理を実施した上で、
IT設備を活用した養殖作業の効率化、人材育成にいたるまで、
積極的かつ先進的に取り組まれている。

No	大項目		評価項目	点数	コメント
2	経営事業継続力	1	養殖事業計画・経営基盤	5	• 稚魚の仕入れ費用、餌代、設備更新などを考慮し、中期経営計画を策定・管理（PDCA）を実施
		2	漁場環境	3	• ミネラルを含んだ川からの水が湾に流れこみ光合成をおこし酸素が発生、 また、黒潮が時々流れ込んで水を浄化する漁場 • 当該漁場の水温に適した魚種を養殖
		3	養殖事業継続実績	5	• 20年以上事業継続
		4	採算管理の実施	5	• １尾当たりの採算管理を実施
		5	経営者の経営能力・手腕	5	• ITをフル活用し養殖業務の生産性向上に継続的に取組み、また、養殖魚ブランド化や従業員のワークワイフバランスにも配慮した経営を実践
		6	餌の調達力	3	• 系列の餌問屋からの調達
		7	人材育成	3	• 人材確保が課題
		8	事業の将来性・可能性	5	• 生産量拡大に向けた設備投資が進捗している

総評（エグゼグティブサマリー）

※評価書フォーマット（抜粋）

総合評価結果

評価合計　**81**点（100点満点換算）
（165点中134点）

評価項目平均　**4.1**点/5点

中期経営計画の策定・管理、単位採算管理を実施した上で、商品のブランド化（商標登録）、IT設備を活用した養殖作業の効率化・品質管理、人材育成にいたるまで、不確実性の高い養殖事業をマネジメントしている養殖業者

評価概要<項目平均5点満点>

①市場動向<4.0点>

②経営事業継続力<4.3点>

③販売力<3.7点>

④動産評価<4.5点>

⑤品質管理・生産管理<4.2点>

⑥リスク管理・対策<3.5点>

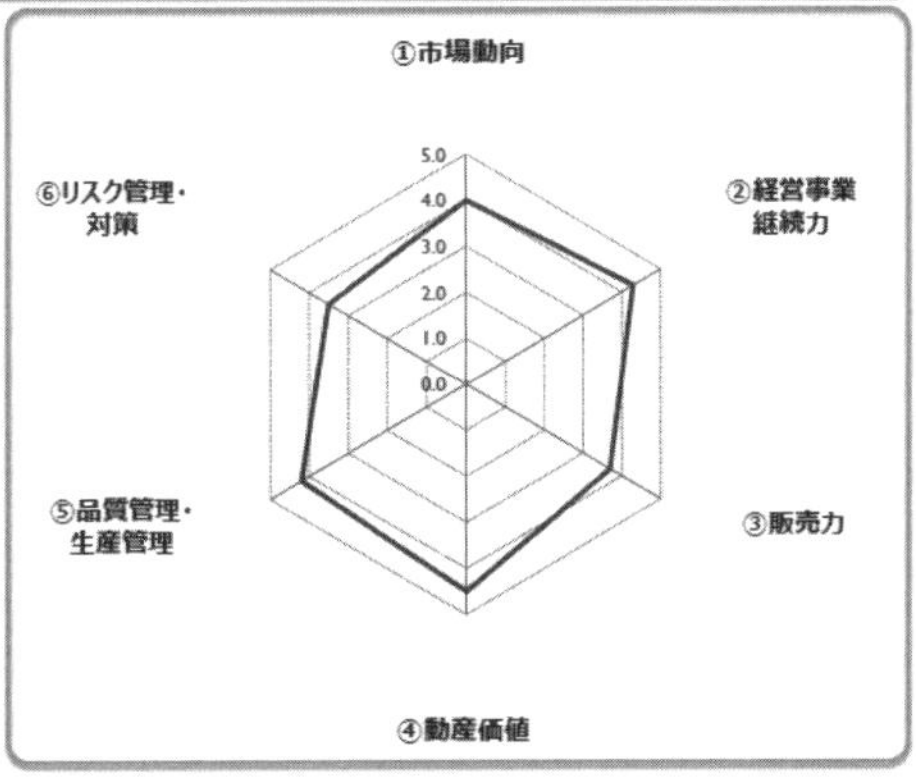

（出所：水産庁資料）

Ⅲ．マーケット・イン型養殖業等実証事業

水産庁は、養殖業の成長産業化をさらに推進するため、策定した「養殖業事業性評価ガイドライン」を活用する「マーケット・イン型養殖業等実証事業」を実施している。

⑴ 実証事業の目的

実証事業の目的は、国内外で需要増加が見込まれるブリ類、マダイ、サケマス類及びホタテ等について、市場のニーズをとらえた養殖生産を展開し、マーケット・イン型養殖業への意識改革・転換を図り、養殖経営体・グループの生産基盤を早急に強化し、養殖業成長産業化を推進することを目的にしている。

⑵ 実証事業の概要

実証事業の概要は、需要に応じた養殖業を推進するマーケット・イン型養殖生産を評価するためのシステム（事業性評価等）を構築・導入。

①生産管理と経営効率化を自己点検し需要に応じた養殖経営体に改善していくため、外部評価を活用した養殖業改善計画の作成

②認定された養殖業改善計画に基づき、需要に応じた出荷形態・サイズ・時期の見直し・管理を実証する資材・機材の導入を養殖経営体・グループに支援する

(3)実証事業の事業項目

①養殖業事業性評価ガイドラインの更新

【定額補助】

中央協議会に「マーケット・イン型養殖業・生産管理評価委員会」設置、ガイドライン更新に必要な調査を実施。また、委員会はガイドラインに基づき、養殖経営体・グループが作成する養殖業改善計画を認定。

②養殖業改善計画の作成支援（外部評価費支援）

【定額補助】

生産管理と経営効率化を自己点検、需要に応じた適正養殖経営体に改善するため、外部評価を活用し養殖業改善計画作成支援。

③マーケット・イン型養殖業等実証事業（資材・機材等の導入費支援）【二分の一補助】

認定の養殖業改善計画に基づき、産地フィレ加工等の出荷形態見直し消費者に好まれる出荷サイズ・時期のコントロール等実証のための資器材導入に要する経費支援

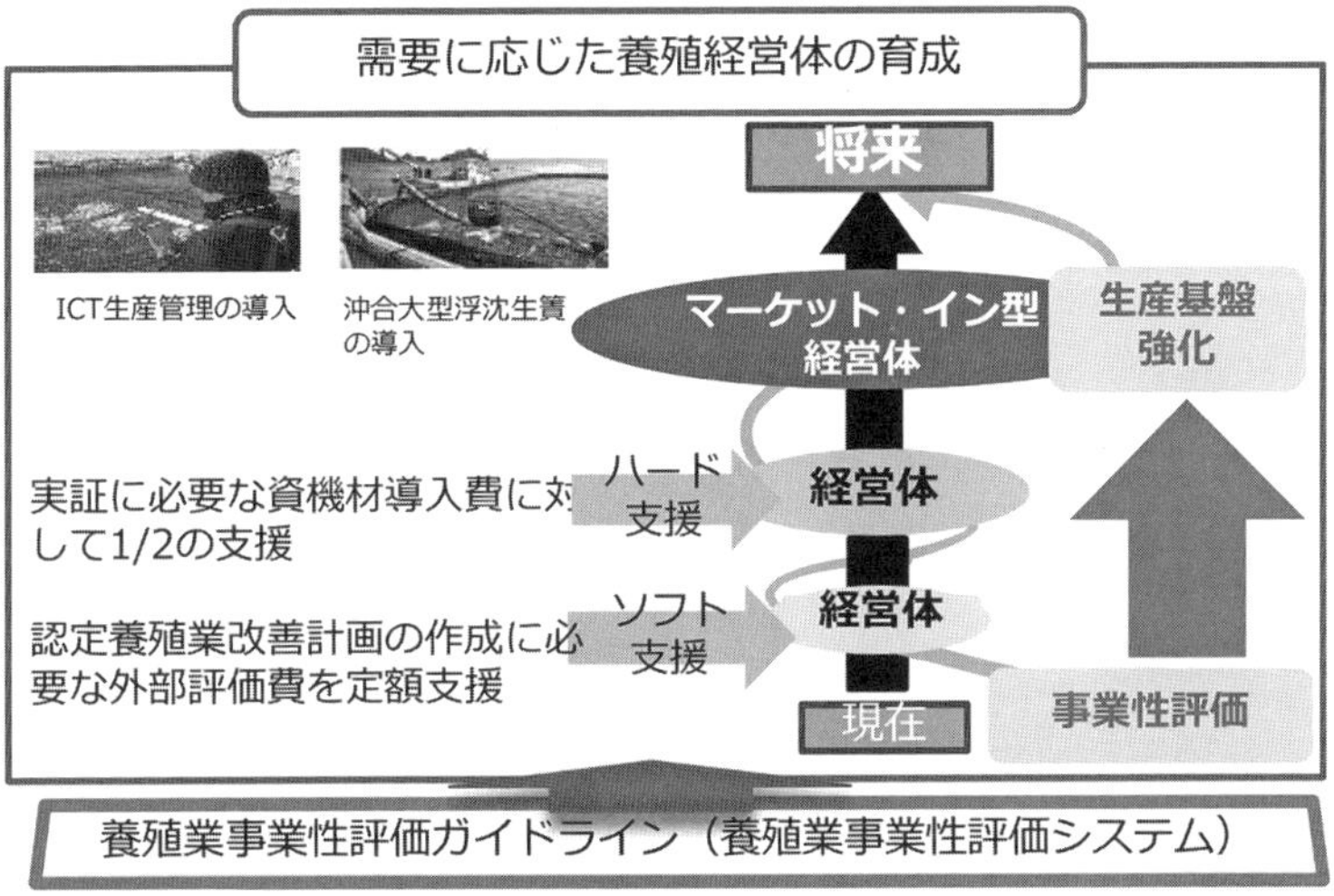
需要に応じた養殖経営体の育成
将来
ICT生産管理の導入
沖合大型浮沈生簀の導入
マーケット・イン型
経営体
生産基盤
強化
実証に必要な資機材導入費に対して1/2の支援
ハード
支援
経営体
認定養殖業改善計画の作成に必要な外部評価費を定額支援
ソフト
支援
経営体
現在
事業性評価
養殖業事業性評価ガイドライン（養殖業事業性評価システム）

（出所：水産庁資料）

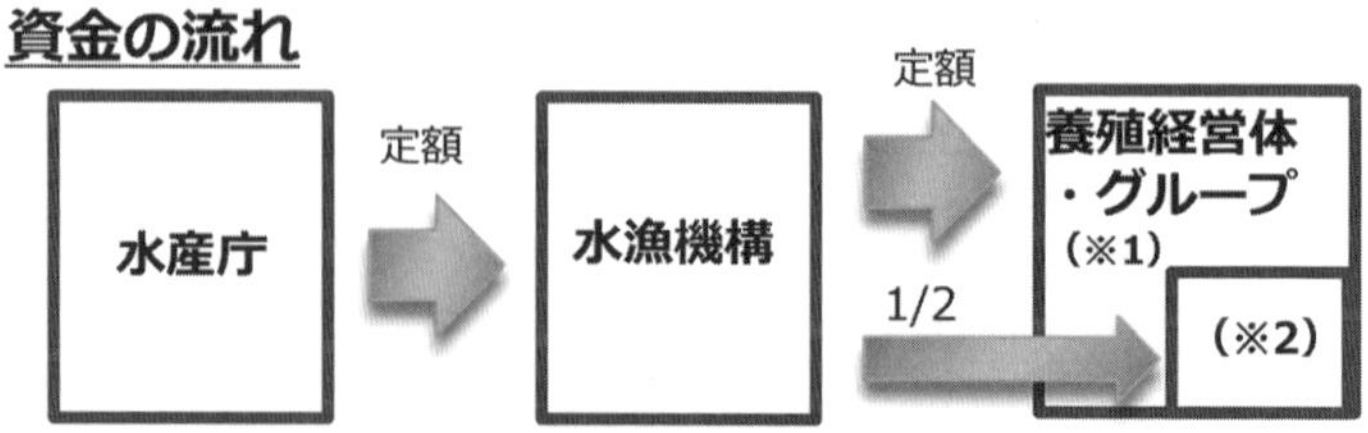

（※1）評価委員会に採択された養殖経営体・グループ。外部評価の支援を受けられる。

（※2）外部評価を踏まえて養殖業改善計画を作成し、評価委員会の計画認定を受けた養殖経営体・グループ。実証事業の支援を受けられる。

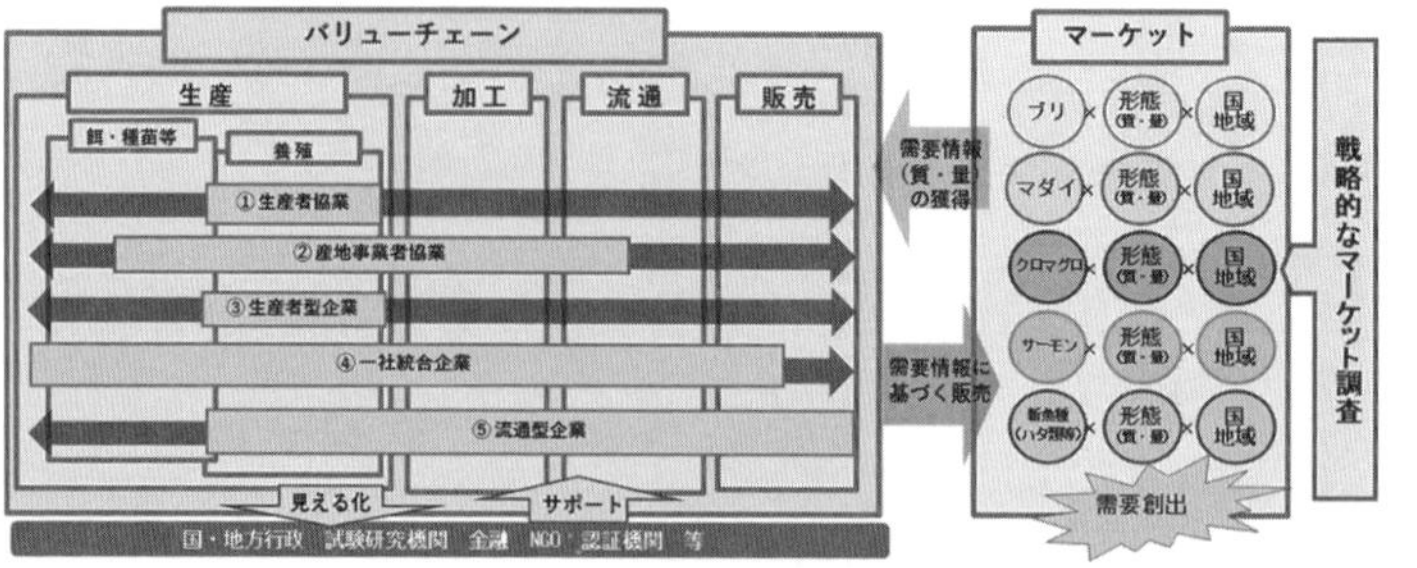

○ 将来めざす姿：取組実例の5類型

生産者協業	産地事業者協業	生産者型企業	1社統合企業	流通型企業
複数の比較的小規模な養殖業者が連携し、販売業者との委託契約等を通じ生産・販売。	養殖業者と漁業協同組合や産地の餌供給・加工・流通業者との連携し生産・販売。	養殖を本業とする漁業者が、地域の養殖業者からの事業承継や新規漁場の使用等により規模拡大を進めて企業化し、生産・販売する形態。	養殖バリューチェーンの生産（餌・種苗等、養殖）、加工、流通、販売機能等の全部又は大部分を1社で行う企業による生産・販売。	流通業や食品販売業を本業とする企業が、経験を有する養殖業者の参画や技術習得の期間を経て養殖業に参画し生産・販売。

出所：水産庁資料

マーケット・イン型養殖業への支援内容と手続き

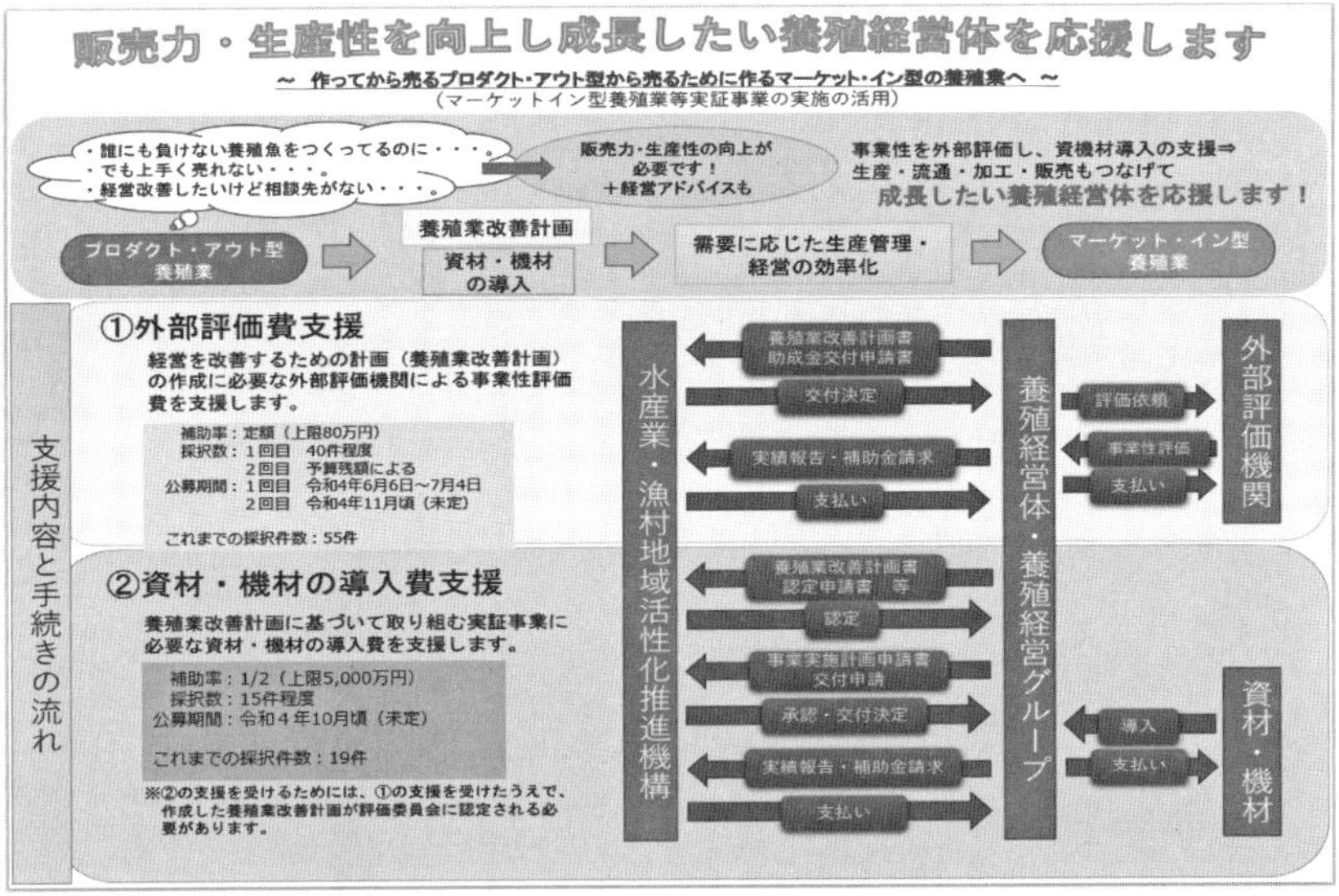

出所：水産庁資料

(5)養殖業別の主な特徴、課題など

(1)海面（魚類）養殖

○海上に網で囲った筏（小割いけす）を設置して魚を入れ、餌を与えて大きく育てる。

○ブリ類（ブリ、カンパチ）、マダイ、トラフグ、サーモン等の養殖が盛ん。

○日本各地で餌を工夫する等したブランド魚が生産されている。

(2)貝類養殖

○海上に設置した筏やロープからカゴ等で貝を吊り下げる垂下式や延縄式や水面と並行にカゴを設置するバスケット方式がある。

○カキ（マガキ、イワガキ）、ホタテ、アコヤガイ（真珠）、アサリ等が養殖されている。

(3)藻類養殖

○ノリやワカメ等のタネ（胞子）がついた網（種網）や糸（種糸）を海中に設置して行う。

自動給餌機

カキ養殖

ホタテ養殖

○干潟や河川の中に支柱を立てそこに固定する「ひび建て方式」、海上にロープ等で作った型枠を設置しそこに網を固定する「浮流し方式」、海上に種糸を固定したロープを設置する「延縄方式」等も。

(4) 陸上養殖

○近年、様々な魚種で陸上養殖が試行されており、事業化されているものが増加。大規模プラントや閉鎖循環式陸上養殖の計画が各地で展開。

陸上養殖技術

- 鳥取県岩美町　サバ　（JR西日本）
- 栃木県那珂川町　トラフグ　（夢創造）
- 沖縄県伊平屋村　ヤイトハタ（伊平屋村漁協）
- 三重県津市　大西洋サケ（ソウルオブジャパン）
- 千葉県木更津市　ニジマス　（FRDジャパン）
- 福島県西白河郡　ニジマス　（林養魚場）
- 茨城県つくば市　チョウザメ（フジキン）
- 新潟県妙高市　バナメイエビ（IMT Eng.）など

ひび建て方式

Ⅳ．新たな養殖業活性化に向けて

ここまで、海面（魚類）養殖、貝類養殖、藻類養殖、陸上養殖について、その成長産業化に向けたマーケット・イン型養殖業への取り組みを見てきた。さらに今後、重要となってきそうな新たな養殖業の活性化について触れたい。養殖業にはまだ多くのものがあるが、ニホンウナギや錦鯉を初め、アユ、チョウザメ（キャビア）、イワナ、養殖鯉等の淡水魚についても事業性評価書の作成を早急に確立すべく期待をしており、今回は「ウナギ養殖」と「観賞用養殖（ニシキゴイ）」を代表例として、現状や課題を分析、それぞれの事業性評価への可能性を探ってみた。

ウナギ養殖

(1) ウナギ養殖の現状

①〈問題点〉

日本で消費されるウナギの九九％以上は、養殖によるものだが、育てられる稚魚（シラスウナギ）は国内外で捕獲された天然ものである。だが、シラスウナギの捕獲と流通には不透明な部分が多く、密漁や密売が多いと言われている。さらに、一九七〇年代から捕獲量が減少を続けているのが現状

だ。原因は、密漁、成魚の乱獲、気候変動による海洋環境の変化などが挙げられている。二〇〇八年には絶滅危惧種に指定され、二〇一〇年以降は、シラスウナギの不漁が深刻化、価格高騰にもつながっており、養鰻業者の経営は不安定な状況にある。

一度流通した漁獲物は資源の持続的利用及び適正な漁業者等の経営安定のために、適法なものか、違法なものかの識別が重要となってくる。国際的に見ても、過剰漁業や違法・無報告・無規制漁業等科学的な管理が必要との認識が強い。このため、現時点では、漁獲から流通・販売に至るまで持続性が確立されていない社会環境となっている。

そのなかで、二〇二〇年の「改正漁業法」と新設の「水産流通適正化法」が状況改善につながるものと期待されている。改正漁業法では、罰則が強化され、密漁には最大三〇〇〇万円の罰金が課せられることになった。また、水産流通適正化法は、捕獲された水産物が適正に捕獲・流通されていることを示す記録や保存を義務付けるもので、シラスウナギの違法取引の根絶にもその効果が期待されている。国には、さらなる対策の強化が求められよう。

②〈持続性確立による価値の創造〉

絶滅危惧種指定である希少性や「国産」という安心感が大きな価値判断につながる。特にシラスウナギの流通が持続的なものでないと、その価値を維持することが困難になるだけではなく、現在価値を大きく喪失させてしまうことになる。また、消費者が〝共感〟できることが、大きな価値を生む。生産・流通・販売の各工程での透明性の確保は重要である。製品づくりに参加体験が出来ない消費者に対して唯一、共感を持たすことができる。

※特にシラスウナギの流通が持続的でないと、価値の維持及び現在価値の喪失に繋がる。

③〈ウナギ産業・全体〉

過去三〇年の産業全体から見た課題（農林水産省「漁業・養殖業生産統計年報」より）

国内ウナギ産業では、海外産ウナギの輸入激化、安全安心の観点、絶滅危惧種指定という大きな課題が連続的に発生しているのが現状である。市場規模は最盛期の一九九七年を「一〇〇」とすると、二〇〇九年には「四五」まで大幅に縮小している。この連続的な各課題に対し、産地の生産・流通加工機能の統合による競争力の強化、安心安全や持続性問題へ対応を実施してきている。その結果、国内シェアの回復・拡大（シェア六〇強）が、市場全体の回復・拡大（最盛期に対して七〇程度）へと進んでいる。

※過去三〇年で市場拡大・縮小、社会問題に遭遇し、産業界の自主的対応や規制導入により、市場の回復を図ってきた経緯がある。

④〈ウナギ産業・価格〉…（農林水産省「漁業・養殖業生産統計年報」より）

国産・輸入物共に、単価は二〇〇一～二〇〇三年頃には、一〇〇〇円／キログラムを下回るまで低下した。その後、国産は上昇基調に転じ、四〇〇〇円／キログラム程度まで上昇し、輸入物との明確な差が生じている。国産物は安全安心、絶滅危惧種指定と言った連続的課題に対して、「食品トレサ、産地表示、資源管理に対応」することで国産がブランドとして確立している。但し、「うなぎ稚魚の不透明な流通」は取組みの途上にある。

※これまでの市場回復・成長の源泉の一つは、国産のブランド化。量的拡大が難しい中、消費者に対して品質・ブランドによる適正な製品を提供できるポジションにいる事が成長の鍵。

⑤〈ウナギ産業・経営体及び調達額〉…（日本養鰻漁業協同組合連合会データ、農林水産省、池入数量管理データより）

全国の経営体数は一貫して減少傾向で、二〇〇〇年代前半以降四〇〇前後で推移しており、外形的には平衡状態といえる。しかし、養鰻経営体のうなぎ稚魚をみると、一経営体当りの資金調達額は二〇〇八年以降劇的に増加し、業界全体の調達額は最低時（二〇〇〇年前半）から七倍程度増加している。二〇〇〇年以降の連続的課題に対応してきたことで養鰻経営体の競争力強化が図られている。

※これまでの市場回復・成長の源泉の一つは、うなぎ養殖経営体の競争力向上による。

⑥〈ウナギ産業を巡る環境〉

ウナギ産業を巡る環境（プラス要因・マイナス要因）を並べて判断した場合、価値連鎖のプームの活用、商品づくり、食品トレサ&持続性トレサの組み合わせが問題解決の大半を占めると思われる。具体的には、産地偽装等の重要課題、マーケティング、環境保護団体、メディア、絶滅危惧種、知事許認可化、ワシントン条約、働き手の高齢化等である。

(2) 都道府県別ウナギ養殖の産地・生産量

天然ウナギは減少の一途をたどっており、ニホンウナギは既に絶滅危惧種に指定されている。稚魚が著しく減少していることはニュースなどでも良く知られているところだが、しかしながら、土用の丑の日をはじめとする風物詩からも分かるように、日本人はウナギが大好きだ。

全国各地域でウナギ養殖業を取引先に持つ金融機関におかれては、一日も早いウナギ養殖業に対する「事業性評価書のガイドライン」の活用で、養殖業者と共に事業発展することを望みたい。筆者としても、日本動産鑑定の取り組みがそのために役立つ日を夢見ています。

〈ウナギ養殖の産地・生産量ランキング〉

一位の鹿児島県の産量は七〇八六トンで、全国シェア（全国一万七〇七一トン）は四一・五％となっている。

ウナギ養殖の産地・生産量ランキング

1位	鹿児島	41.5%
2位	愛知	25.5%
3位	宮崎	18.0%
4位	静岡	9.0%
5位	高知	1.7%
6位	徳島	1.3%
7位	三重	1.2%
8位	熊本	0.8%
9位	愛媛	0.2%
10位	大分	0.1%

農林水産省養殖生産量調査・2019 年版

※ウナギはその生態が明らかになっていない部分が非常に大きいと言われているが、ニホンウナギは五〜十五年ほど河口や河口域に生息した後、海へ下り、マリアナ諸島付近で産卵。レプトセファルス（注）を経て、シラスウナギという稚魚になり、日本へ再び舞い戻ってくることだけが分かっている。因みに養殖ウナギは、このシラスウナギを捕獲して成育する。

（注）レプトセフェレス＝ウナギの他、アナゴ、鱧、カライワシ類にも見られる、平たく、細長く、透明な幼体です。簡単に言うとふ化した後、稚魚になるまでの仔魚状態のもの。

⑶ウナギ養殖の事業性評価

ウナギは現時点で、海面養殖等のマーケット・イン型養殖業等実証事業の対象には加わっていないが、水産庁などではウナギ養殖について問題意識を持っており、今後のあり方を検討しているようだ。⑵で紹介したように生産量一位の鹿児島県をはじめ十位の大分県など、全国的にウナギ

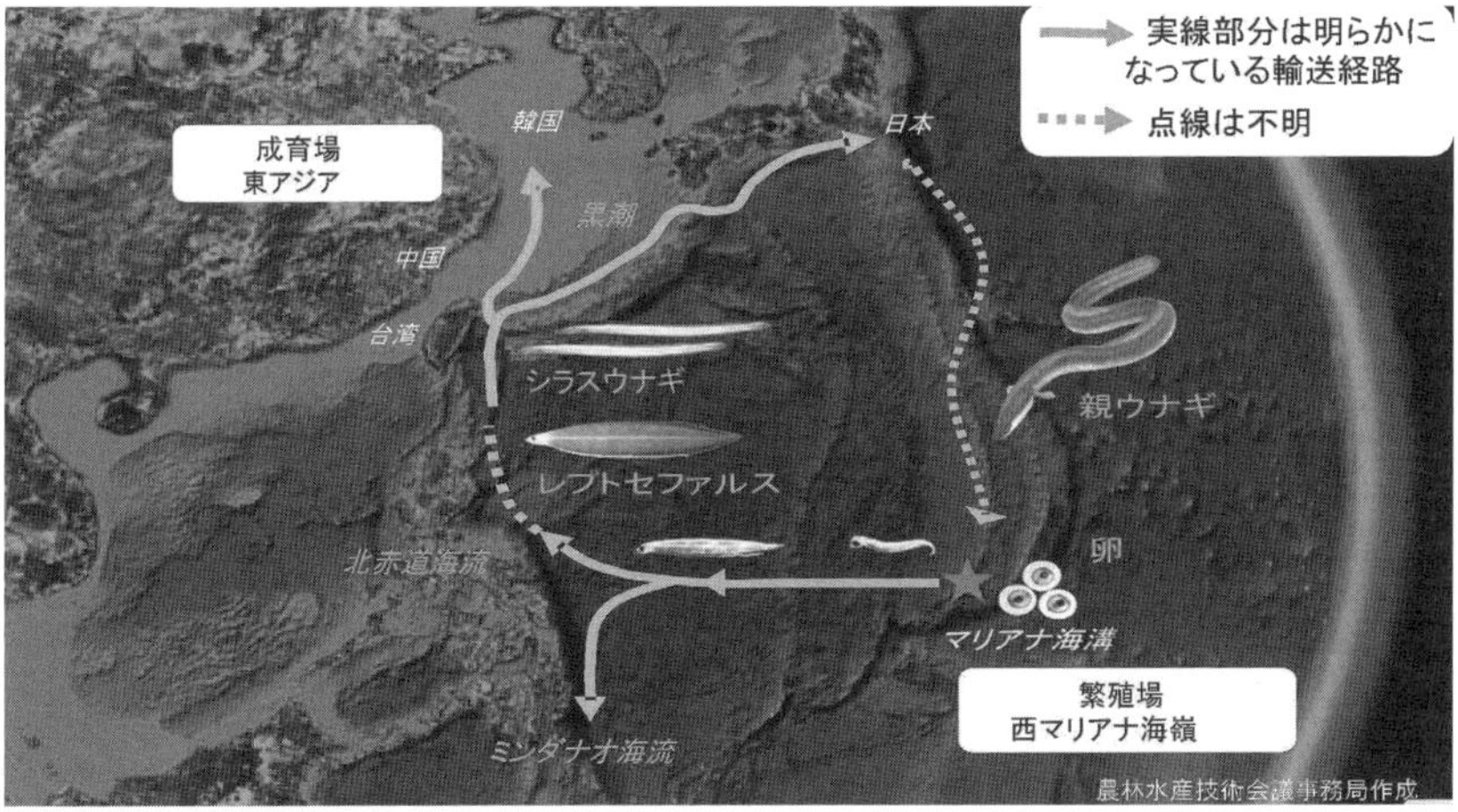

（出所：農林水産技術会議事務局）

養殖が盛んに行われており、筆者も該当する地域の金融機関には、是非とも関心を持ち、事業性評価書を活用しての本業支援をさらに推進していかれる事を願っている。

ニホンウナギ種苗　国内採捕量の推移

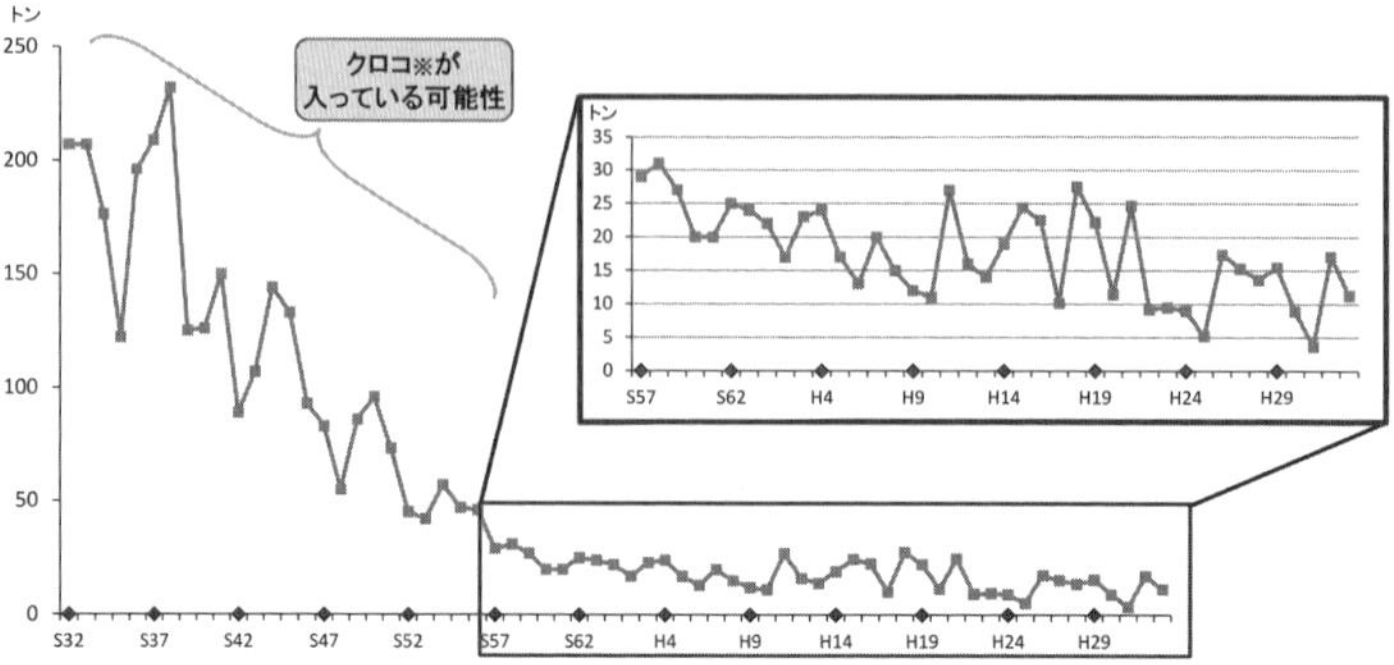

※クロコとは、シラスウナギが少し成長して黒色になったもの

ニホンウナギ種苗の池入数量と取引価格の推移

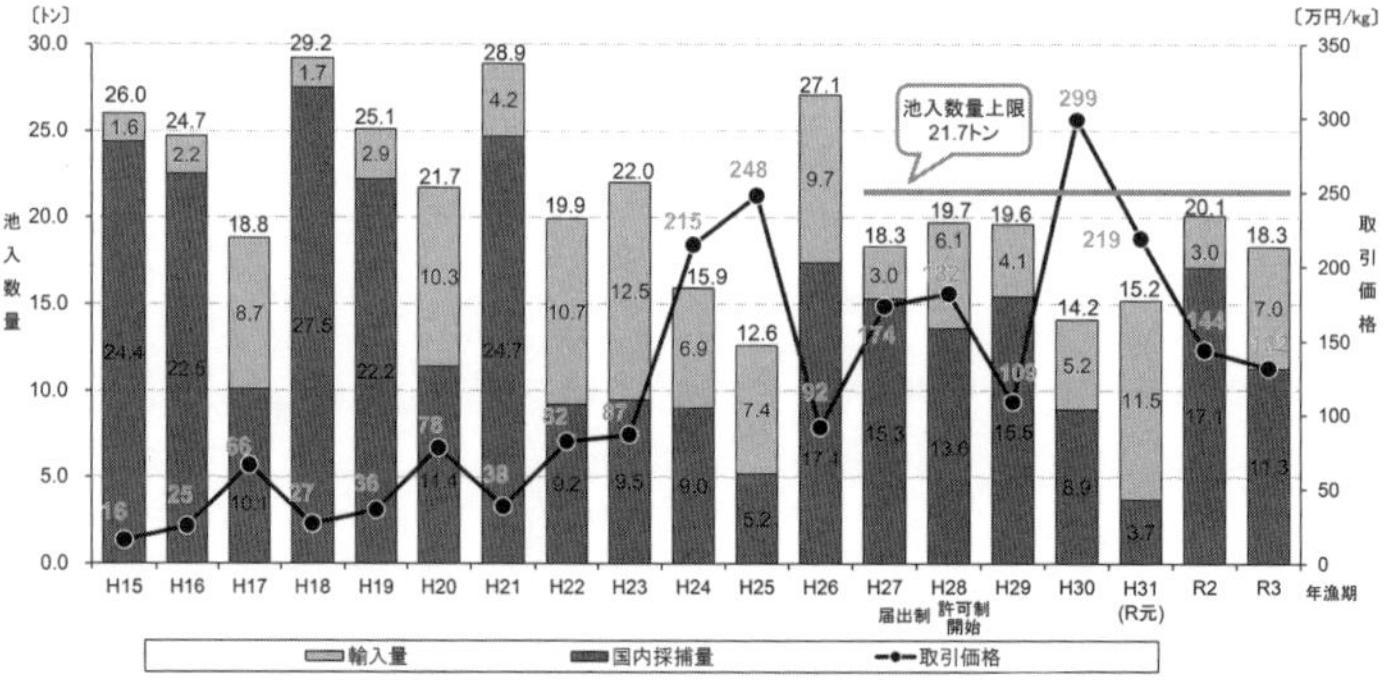

（水産庁「ウナギをめぐる状況と対策について（令和３年５月）」）

鑑賞用養殖

⑴観賞用養殖（ニシキゴイ＝錦鯉）の事業性評価

ニシキゴイの養殖は、最近注目されているビジネスの一つとなっている。ニシキゴイと言えば、そのイメージとしては、リッチな豪邸の庭の池で、優雅にのんびり泳いでいる姿を思い浮かべる人が多いと思われる。しかし、実際はこのニシキゴイがいまのような地位を得るためには、〝壮絶な試練〟を幾度となく乗り越えなければならない、と言われている。人間の世界で例えても、その〝受験〟や〝就職活動〟とは比較できない程、厳しい「選別の試練」を受けなければならないからだ。

①〈ニシキゴイの養殖・方法の概略〉

㋑親ゴイの飼育

ニシキゴイの養殖は、まず「親となる鯉」の飼育から始まる。一般的には通常、屋外の観賞用の池などで育てられている。池は循環式の濾《ろ》過槽を設置して、透き通った綺麗な水で育成することになる。養殖では、いかに質の高い親鯉を用意するかがポイントとなる。

㋺産卵

ニシキゴイの産卵期は毎年四月下旬～七月上旬となる。日中の気温が二〇℃前後で安定する五月末から六月上旬の産卵が最も成功率が高いとされている。

㋩産卵方法

水量一㌧の水槽の中に人工の産卵用の海藻を取り付ける。この水槽に親鯉をメス一尾と、オス複数尾を飼育水槽から移し、産卵と受精を待つことになる。オスを複数尾入れるのは、受精率を向上させるため。ただ、どのオスが受精したのかが分かりやすくするため、オスメス一尾ずつ入れることもあるという。このどのように組み合わせるかが、養鯉場の特色ともなる。

㋥放流

孵化したニシキゴイは「野池」に放流する。池の水は泥水で中は良く見えないものの、サギやカワウ等の天敵からニシキゴイを守るため、サイドネットを張り、上部にも糸などを張って守る。稚ゴイは、餌となるミジンコを食べて成長していく。このミジンコは野池に「発酵鶏糞」を撒くと、約二週間で自然に発生する。

㋭育成と選別

野池に放流されたコイは、すくすくと育つことになるが、育ったその先には、〝選別〟というコイ達の命運を分ける最大の試練が始まる。選別は、野池に放流されてから四〇日～五〇日後に始まるのが一般的なようだ。選別は「色や模様、骨格等」を見て、将来有望なニシキゴイになるコイだけを残していくこととなる。

【選別の一例】

例えば、稚ゴイ四万尾が四回の選別を受け、三〇〇尾まで絞り込まれる、といった厳しい選別を乗り越えた者のみが、立派なニシキゴイとなれる。

㋬販売、冬季育成（室内水槽）

一〇月になると、野池で育成、選別されたコイは二〇センチ程度まで成長している。この時点で〝優秀な〟コイはいち早く販売される。その他のコイは冬用の水槽に移して育成を続ける。そうして冬を乗り越えたコイは春先の需要期に再度販売されることになる。

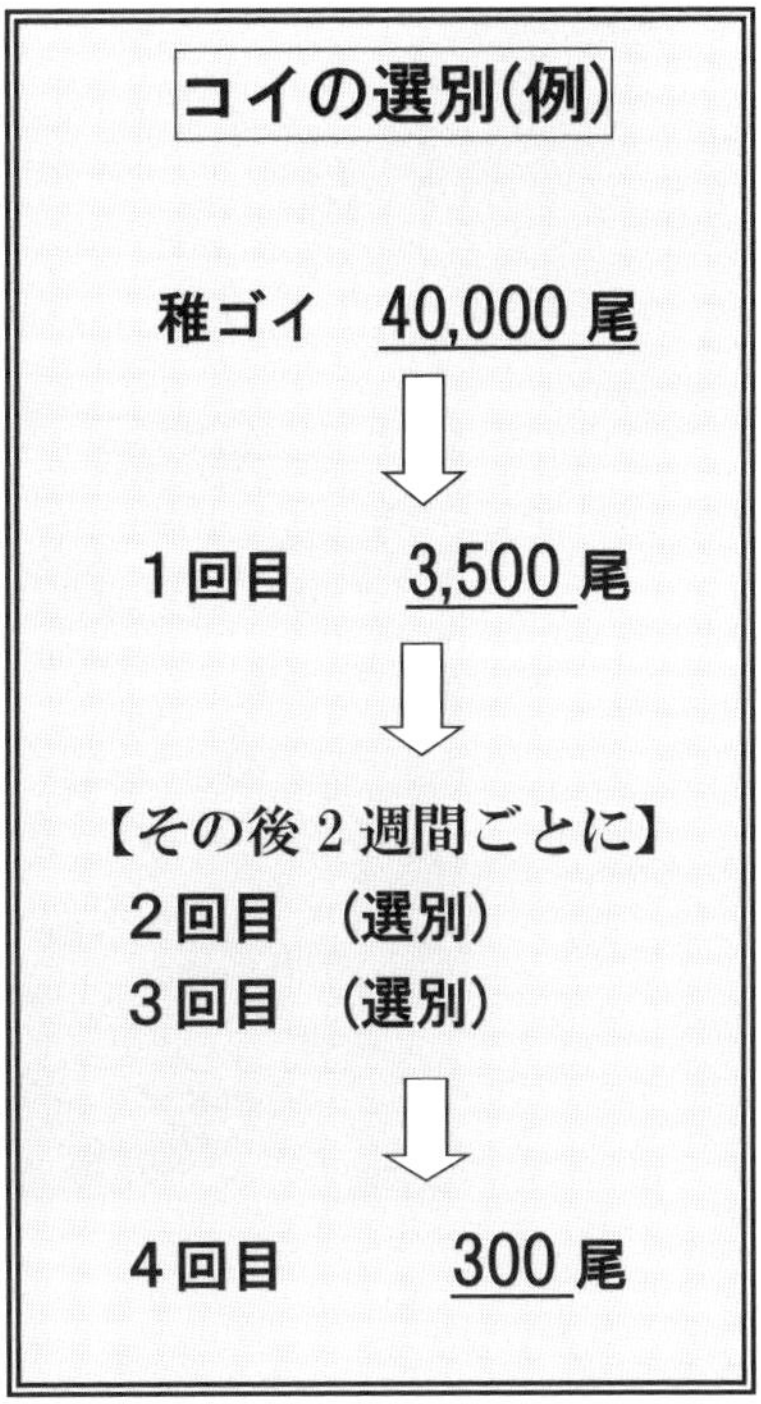
コイの選別(例)
稚ゴイ　40,000 尾
1回目　3,500 尾
【その後 2 週間ごとに】
2回目　(選別)
3回目　(選別)
4回目　300 尾

②ニシキゴイの歴史と品種

農林水産省によれば、現在のニシキゴイの祖先にあたる「緋鯉（ヒゴイ）」は、江戸時代中期ごろ新潟県の二十村郷（現在の長岡市・小千谷市・魚沼市）で食用として飼育されていた真鯉（マゴイ）が突然変異して生まれたと考えられている。突然変異によって生まれ色のついたコイだが、当時からより美しい、より珍しいコイを作ろうと、品種として改良に改良を加えたのがニシキゴイの起源と言われています。その後二百年にわたり品種改良が続けられている。

現在、ニシキゴイの品種は約百種に及び、厳密に言うと二百種にも及ぶ多様な品種が生産されている。代表的なのは、白地に紅色の斑紋がある「紅白」、白地に紅色と墨色の斑紋がある「大正三色」、墨地に白色と紅色の斑紋がある「昭和三色」と言われるものである。これらは、一般にニシキゴイの御三家と言われ、人気が高い。

③錦鯉の〝お値段〟

さて、ニシキゴイの価格だが、高級車一台分の値段に匹敵する個体もある。今や世界中がニシキゴイに夢中になっている。色鮮やかな美しい姿から「泳ぐ宝石」とも呼ばれるニシキゴイ。ヨーロッパや北米、アジア各国の富豪たちから熱い視線が注がれている。こうした観賞用魚の輸出が海外の富裕層を中心に増加傾向にある。現在、日本で生産される七割以上が輸出されていると言うニシキゴイだ。農林水産省によると、ニシキゴイを中心とした観賞用魚の二〇一六年度の輸出額は、三十五億六千万円で、二〇〇八年に比べると、約一・六倍に増加している。

最大の輸出先は香港で、オランダ、米国と続き、その数は四十カ国に及ぶ。ヨーロッパでは、ガーデニングにつきものの池で、ニシキゴイを優雅に泳がせるのが楽しみの一つとなっており、特に『同じ模様が二つとない』点に魅力を感じ、また、『ニシキゴイ同士ではケンカをしないため、『平和の象徴』ともなっており、アジアでは幸運を招く魚としても認知されている。

さて、ニシキゴイ一尾の価格だが、高額のニシキゴイは『人間で言うところの容姿端麗』と同様に『体系・色彩・模様』を基にして『色調・資質』が重要とされる。そしてバランスや仕上がり状態、将来性の見極めと愛好者の感性などで、価格に差が出ているようだ。従って、高額な販売価格は二千~三千万円とも言われ、過去には億円の単位がついた例もでているという。

現在の養殖業は、食用のための養殖が主流となっていますが、観賞用の養殖も今後益々有力なビジネスが展開されるものと思われる。

Ⅴ．ＳＤＧｓにもつながる養殖業への本業支援

金融機関にとって、今まさに企業への本業支援が強く求められている時代となっている。これまで、例えば取引規模、採算性、リスク管理などの面から、目を向けてこなかった業種に対しても、ビジネスチャンスは大いに期待が持てる時代とも言える。

一方、二〇一五年に国連で採択された国際目標であるＳＤＧｓ（持続可能な開発目標）が日本で

も浸透しつつある。金融機関もＳＤＧｓで掲げられた一七項目の目標の中から、それぞれの取り組み項目を明示し、その内容を積極的に広報しつつある。特に、世界レベルでの大きなテーマとして捉えられてきた環境問題については、金融機関もかねてから取り組みを充実してきたところが多い。

　ＳＤＧｓでは、水産業に関連する目標として「海の豊かさを守ろう」が掲げられている。世界的に持続可能な漁業・養殖業への関心が一層高まっているなかで、海洋汚染をはじめ海水温の上昇、二酸化炭素の排出量等により、漁業の生産量が減少しているのが現実だ。特に、魚好きな日本人にとっては、安定的に、品質の高い養殖魚が得られる養殖業の経営体の安定とその強化が重要となっている。

　課題は山積み状態だが、それだけに、金融機関、とりわけ地域とともに発展が使命ともいえる地域金融機関にとってはマーケット・イン型の養殖業活性化の必

要性を理解、持続可能な養殖ビジネスへの支援を展開していくことが大切である。正にＳＤＧｓへの取り組みそのものと言えよう。

養殖漁場

ノリ養殖

給餌作業

ホタテ養殖

第八章　太陽光発電所の事業性評価

Ⅰ．太陽光発電事業の事業性評価の重要性

日本における太陽光発電は、エネルギー自給率の向上や、気候変動問題の対策などの観点により、一九九〇年代から導入が開始された。二〇〇〇年代になって、二〇〇九年一一月に、「太陽光発電の余剰電力買取制度」が導入され、家庭で使い切れなかった電気を電力会社が買い取ることを義務づけた制度が創設されたことで大幅に増加した。

更に、二〇一一年三月に起きた東日本大震災とそれに伴い発生した津波による原子力発電所の事故は、日本における太陽光発電の導入、拡大を結果的に加速させることになった。地球温暖化問題への対応が求められるなかで、原子力発電に替わるエネルギー源として、再生可能エネルギーであるその存在が改めてクローズアップされたためだ。

東日本大震災後の二〇一一年八月、再生可能エネルギー特別措置法案（再生可能エネルギー買取法案）が成立。二〇一二年、再生可能エネルギー発電設備によって発電された電気の全量買取が電力会社に義務付けされ、「固定価格買取制度」（ＦＩＴ）が導入されたことから、太陽光発電の導入が急拡大した。それ以降、太陽光発電事業に参入する事業者が相次ぎ、いわゆる「太陽光発電バブル」と呼ばれるブームが起こった。

しかしながら、ＦＩＴ導入後一〇年が経過するなかで、太陽光パネルなどの製品寿命、大量廃棄

の問題、発電所設置企業の本業不振・倒産などによる太陽光発電の実質放棄といった課題も出始めている。一方で、環境保護などの観点から新規発電所開発に関しては適地の減少により大規模案件の開発は鈍化し、中規模案件にシフトしつつある。こうしたなかで、事業拡大を図る大手企業などによる既存施設の取得（買収）の動きも広まりつつある。既設太陽光発電所を対象としたセカンダリー市場も成長しつつあるのが現状である。地球規模でのＳＤＧｓ（持続可能な開発目標）が強く求められているなかで、太陽光発電など再生可能エネルギーの確保がますます重要となるだけに、今後も太陽光発電所に対する『事業性評価』は、再生可能エネルギー資源の今後の健全な発展に重要な意義を持つことになろう。

Ⅱ．日本動産鑑定と太陽光発電所の評価

日本動産鑑定では当初の考え方では、評価の大前提として「処分のできないものは、評価してはならない」ということを、事業性評価の原則としている。処分しても換価できないものは、評価することができないからである。処分できないものは担保としての価値がないと言うことである。太陽光発電所は急拡大しているが、『仮に評価はできたとしても処分ができない』という壁にぶつかることになる。

ところが、太陽光発電所事業について「太陽光発電所を一括で購入する」という大手企業が、多

数現れることになった。こうした動きに対応して日本動産鑑定としても、『太陽光発電所』として売却する処分価格が算出できるようにと、関係する企業と共に知恵を絞った結果、太陽光発電事業の事業性評価書の完成にこぎつけることができた。

太陽電池モジュールだけ、パワーコンディショナだけという個々の処分についての評価はせず、あくまでも太陽光発電所としての事業性評価を実施している。

その結果、処分価格が算出できることから、日本動産鑑定としても太陽光発電事業の評価に参入することとなった。現在までに、二〇〇カ所以上の太陽光発電所事業の評価を行っている。

全て四六項目による太陽光発電所の動産評価鑑定書（つまり事業性評価書）を作成した。

ところが日本の太陽光発電所のほとんどにあ

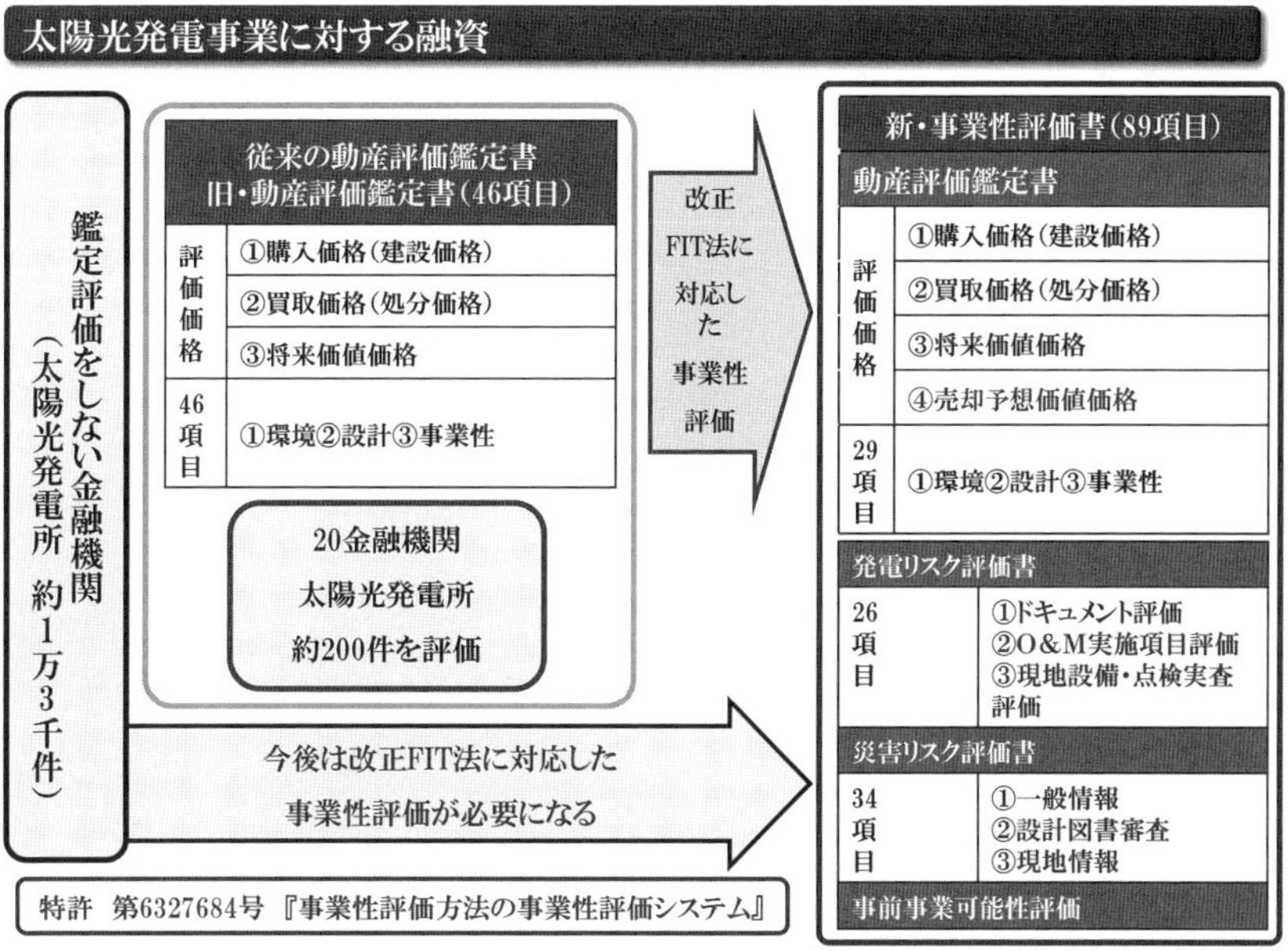

太陽光発電事業に対する融資
鑑定評価をしない金融機関（太陽光発電所 約1万3千件）
従来の動産評価鑑定書
旧・動産評価鑑定書（46項目）
評価価格
①購入価格（建設価格）
②買取価格（処分価格）
③将来価値価格
46項目
①環境②設計③事業性
20金融機関
太陽光発電所
約200件を評価
改正FIT法に対応した事業性評価
今後は改正FIT法に対応した
事業性評価が必要になる
特許　第6327684号『事業性評価方法の事業性評価システム』
新・事業性評価書（89項目）
動産評価鑑定書
評価価格
①購入価格（建設価格）
②買取価格（処分価格）
③将来価値価格
④売却予想価値価格
29項目
①環境②設計③事業性
発電リスク評価書
26項目
①ドキュメント評価
②O&M実施項目評価
③現地設備・点検実査評価
災害リスク評価書
34項目
①一般情報
②設計図書審査
③現地情報
事前事業可能性評価

たる一万三〇〇〇カ所は、事業性評価書なしで融資が行われていたのが現実だ。最近、太陽光発電事業の倒産が相次いでいるが、事業性評価を実施せずに融資したケースでは、融資した銀行も何が原因なのか詳細をつかむことができない。こうした背景には、一部コンサルティング会社が「太陽光発電バブル」に便乗して、何でもかんでも事業申請を行い、事業としての適性を十分に調査せずに銀行に持ち込んだことによるところが大きいと思われる。銀行関係者の話では、「手数料を支払うので、太陽光発電所の候補先として申請中の事業に融資を検討できないか…」という安直な依頼が相次いでいたのが現実だったようだ。

融資を行う銀行側も、大型融資が可能な案件であること、「固定価格買取」という制度を信用したことなどにより、慎重に審査する時間もかけず、五億円、一〇億円という長期資金の融資を決めてしまったように思われる。太陽光発電所は、まともに設置されれば、十年以内で資金を回収できる、つまり五億円でも一〇億円の融資を実行しても回収は間違いなくできると安易に考えてしまった節がある。異例の低金利時代が続く中で、有望な資金需要先とみなされ、案件の中身の調査を疎かにしてしまったといえるのではないか。正に、事業性評価を無視しての取り扱いと言わざるを得ない。

現実は、買取価格が一年ごとに数円ずつ低下し、特に一〇ｋＷ以上の大型の太陽光発電の下落幅は大きく、二〇一二年度の四〇円＋税から二〇一六年度二四円＋税へと引き下げられた。中国の企業をはじめ、さまざまな異業種からも太陽光発電事業に参入した経緯もあったことから、ブームに乗って儲けようとした事業者も少なくなく、発電パネルは安物、設置する土地はきちんと整地もせずに雑草が生い茂るなど、劣悪な発電所も多数出現した。ちなみに一部コンサルティング会社はブームに乗って、各地の中小企業者などにただ太陽光発電事業を有望事業として推奨し、その結果多額の手数料収入を得ていたとの事例も多いようだ。品質管理の良し悪しについてチェックを怠り、あってはならない品質の落ちる安物パネルを設置し、一つの発電所で一億円から一億五〇〇〇万円もの利益を得ていた事実もあるという。そのことを金融機関は残念ながら見抜くことができずに、一回の紹介である程度の手数料収入が入るため、前向きに融資してしまった例もあった。

日本動産鑑定はそうした事情を踏まえて、事業性評価には十二分に慎重な姿勢で臨んでいる。すでに、約二〇の金融機関で二〇〇ヵ所の太陽光発電所の事業性評価をしている。この評価は四六項目から成っているが、太陽光発電所の評価は専門性が高く、商品の動産鑑定よりも難しい面があり、そのため動産評価鑑定士とともに専門家を起用して現地へ派遣したうえで、事業性評価を実施し鑑定書を作成した。

Ⅲ．改正ＦＩＴ法対応で奏功した特許取得

二〇一七年四月一日に『改正ＦＩＴ法』が施行され、太陽光発電事業が大幅に見直され、設備に代り事業計画を確認する制度となった。見直しによって、太陽光発電設備のメンテナンス方法など、

従来に比べてかなり細かく厳しい指導が課されることになった。特に、新認定基準では「事業計画認定」の申請が必要とされ、申請しなければ認定が失効し、事業を継続できなくなった。新認定基準への移行期間は二〇一七年四月一日から九月三〇日までの半年の間に保守点検、維持管理からフェンス設置、管理会社名の表記標識掲示までを行った。日本中の産業用太陽光発電設備のすべてが対象だ。

この改正対応も専門的な内容となり、日本動産鑑定では、専門家に協力を依頼した。日本動産鑑定の賛助会員である荒川電工に加えて、日立システムズ、パシフィックコンサルタンツの業界を代表する各社と協力し、新たな認定制度に対応可能な事業性評価書の基を完成させた。荒川電工は四国の会社だが、もともと太陽光発電所建設にからむエネルギー・ソリューション

固定価格買取制度（FIT）見直しのポイント
【見直しの目的】
エネルギーミックスにおける2030年度の再生可能エネルギーの導入水準（22-24%）の達成のため、固定価格買取制度等の見直しが必要
※2014年度 再エネ比率12.2%(水力9.0%、太陽光・風力・地熱・バイオマス等3.2%)
エネルギーミックスを踏まえた電源間でバランスの取れた導入を促進
（FIT認定量の約9割が事業用太陽光）
国民負担の抑制のため コスト効率的な導入を促進
（買取費用が約2.3兆円に到達見込み）
※ミックスでは2030年に3.7~4兆円の見通し
電力システム改革の成果を活かした効率的な電力の取引・流通を実現
（一昨年、九州電力等で接続保留問題が発生）
再生可能エネルギーの最大限の導入と国民負担の抑制の両立
【見直しのポイント】
1．未稼働案件※の発生を踏まえた新認定制度の創設
○発電事業の実施可能性（例えば、系統への接続契約締結を要件化）を確認した上で認定する新たな制度を創設。【第9条】
○既存の認定案件は、原則として新制度での認定の取得を求める（発電開始済等の案件については経過措置を設ける）。【附則第4条~第7条】
※H24~25年度認定済未稼働案件数は、約34万件／約117万件（＝約30%）<平成27年12月末時点>
2．適切な事業実施を確保する仕組みの導入
○新制度では、事業開始前の審査に加え、事業実施中の点検・保守や、事業終了後の設備撤去等の遵守を求め、違反時の改善命令・認定取消を可能とする。【第9条・第13条・第15条】
○景観や安全上のトラブルが発生している状況に鑑み、事業者の認定情報を公表する仕組みを設ける。【第9条】
※1「電気事業者による再生可能エネルギー電気の調達に関する特別措置法等の一部を改正する法律」
（平成28年5月25日成立・6月3日公布・平成29年4月1日施行）
※2電気事業法においてもFIT法での送配電事業者への買取義務導入に対応し行為規制等の所要の改正を行う。
※3現行法附則第10条（少なくとも3年毎の見直し）に基づき、見直しを行ったもの。引き続き、エネルギーミックス実現の観点から定期的に検討する。
3．コスト効率的な導入
○中長期的な買取価格の目標を設定し、予見可能性を高める。【第3条】
○事業者間の競争を通じた買取価格低減を実現するため入札制を導入。【第4条~第8条】（事業用太陽光を対象とし大規模案件から実施）
○数年先の認定案件の買取価格まで予め提示することを可能とする。【第3条】
(住宅用太陽光や風力は、価格低減のスケジュールを示す)
○賦課金8割減免は、電力多消費事業の省エネの取組の確認、国際競争力強化の制度趣旨の徹底や、省エネの取組状況等に応じた減免率の設定を可能とする。【第37条】
4．地熱等のリードタイムの長い電源の導入拡大
○数年先の認定案件の買取価格まで予め提示することを可能とする。【第3条】
（地熱・風力・中小水力・バイオマスといったリードタイムの長い電源について、発電事業者の参入を促す。）
5．電力システム改革を活かした導入拡大
○再生可能エネルギー電気の買取義務者を小売電気事業者等から一般送配電事業者等に変更する。これにより電力の広域融通をより円滑化し、より多くの再生可能エネルギーの導入を可能とする。【第16条】
○市場経由以外にも、小売電気事業者等への直接引渡しも可能とする。【第17条】

出所：資源エネルギー庁のHPより

事業の業務を担当していた会社で、太陽光発電事業の評価業務に大きな役割を果たしている。

日本動産鑑定は評価システムについてビジネスモデル特許を保有しており、当初の太陽光発電所評価四六項目を基本としている。

このため、荒川電工、日立システムズ、パシフィックコンサルタンツ各社から日本動産鑑定へ「一緒に評価を取り組みたい」という協働の申し入れがあり、三者の得意分野を活かし、共に評価業務を推進することとなった。お互いの専門性を活かし、わからない部分を補い、知恵を出しあって精査を繰り返し、最終的に八九項目に決定した。

従来の『動産評価鑑定書』に、『発電リスク評価書』、『災害リスク評価書』をプラスして、太陽光発電事業の事業性評価書を作成することが可能となった。更に、大規模な太陽光発電所を建設する際には、事前事業可能性評価も実施できる。

太陽光発電所の事業性評価

メガソーラーとは・・・出力が1MW（1メガワット＝1000キロワット）以上の太陽光発電所のこと。

平成25年当初は、メガソーラーの“評価”は可能だったが、“処分”ができない＝処分価格がでないために、評価依頼が多くあったものの、日本動産鑑定では評価を実施してこなかった。しかし、下記の問題点が解決したため、現状では評価を受けている。

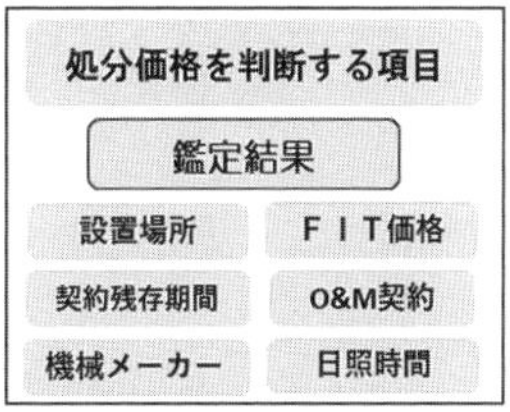

【問題点】

・処分価格がでない　・ソーラーパネル他の部品の転用ができない　・撤去費用が発生する　・ソーラー関連商品の開発の進歩は著しく中古品では価値がない

➡ *処分価格がマイナスになってしまう*

⬇

メガソーラーの施設全体を買取る企業、セカンダリーマーケットが確立

（実際に売却希望先があれば、弊社業務提携先が買取する）

⬇

【鑑定評価】

⑴動産評価鑑定書　・・・　46項目「特許第4219382号」（平成20年11月取得）

内容：①【購入価格（建設価格）】②【買取価格（処分価格）】③【将来価値価格】

（参考）①購入価格（建設価格）・・・土地代金を除く購入価格の合計金額②買取価格（処分価格）・・・太陽光発電所を一括で買取を想定した価格
③将来価値価格・・・鑑定書で算出した20年間の売電収入より概算経費を差し引いた価格

⑵事業性評価鑑定書　＝　平成29年4月施行の改正FIT法に対応した・・・　89項目「特許第6327684号」（平成30年4月取得）

内容：上記の①、②、③に加え④【売却予想価値価格】を追加

（参考）④売却予想価値価格・・・太陽光発電所を売却する場合、新たに発電リスク及び災害リスクを考慮した価格

（注）　発電リスク・・・ドキュメント評価、点検実査評価書等　26項目追加、災害リスク・・・一般情報や設計、現地等　34項目追加

⑶事前事業可能性評価書

内容：事業全体の概算事業費（設備費、工事費、調査費、維持管理費等の算出を行い、また、発電規模から当該地域の気象条件を加味した年間想定発電電力量を推計し、固定価格買取制度を活用した売電による収益をもとに、事業の実施可能性および「環境アセスメント」の可否に関する概略評価書

この評価書は、五メガ以上の太陽光発電所を建設する際に、環境アセスメントを含め、建設予定地が本当に太陽光発電所が建築可能かどうかを判断する評価書となる。これらの評価書を経済産業省エネルギー庁にも事前説明し、二〇一七年四月一三日に特許出願を行った。二〇一八年四月二九日に特許第六三二七六八四号「事業性評価方法および事業性評価システム」として、特許を取得した。早期のビジネスモデル特許を取得したことは、自分達のノウハウを守るためのものだったが、判断としては正しかった。

Ⅳ．新たな法改正や銀行の発電事業参入も

二〇二二年四月にはＦＩＴ法に加えて『再エネ促進法』（再生可能エネルギー電気の利用の促進に関する特別措置法）が施行された。再エネ促進法では、市場価格に一定の補助額（プレミアム）を上乗せして電気を取引する『ＦＩＰ』制度が創設された。売電価格が一定となるＦＩＴ制度とは異なり、ＦＩＰ制度では補助額が一定だが、売電価格は市場価格に連動して上下することになる。

また、金融機関サイドでも、太陽光発電事業に関する新たな動きが出ている。二〇二一年の銀行法の改正で電力事業への参入が可能となった。これにより地域銀行では、一〇〇％子会社として「再生可能エネルギー事業」を行う新会社設立が相次ぐ見込みだ。運営や採算面で課題がある地域の既存太陽光発電所の買収を含めて発電施設の管理・運営を行い、地域再生につなげようというもの。

この新事業推進のために、日本動産鑑定の開発した事業性評価システム（既に紹介したビジネスモデル特許）活用とともに総体のコンサル業務を金融機関に提案しているところだ。新事業を円滑かつ信頼される形で進めるためには、各太陽光発電所（事業）への的確でトータルな事業性評価が不可欠であり、金融機関が進めようとする新事業展開の重要なポイントとなろう。

太陽光発電バブルに踊らされた一部のコンサルティング会社による誘導で、地方でも〝にわか太陽光発電参入事業者〟が相次ぎ誕生した。日本動産鑑定もその中にあっても「処分できないものは評価しない」という基本姿勢を貫いたことが結果的に品質管理につながり、事業継続性に貢献できたものと自負するとともに、改めて事業性評価の重要性を認識することにつながった。

金融機関とすれば、「新規事業に融資する」と

事業性評価書

現在、動産評価鑑定書は、知財・売掛債権とともに事業性評価の主要なツールとして「事業性評価書」の構成要素となっている。

事業性評価書
- **1. 動産評価鑑定書**
- **2. 知的財産評価書**
- **3. 売掛債権評価書**

いう積極姿勢から、融資額の大きさだけに目を奪われてしまうと、事業本来の価値を評価する融資本来の基本が疎かになってしまうことになる。かつてのバブル経済時代に不動産融資の多くが不良債権化し、事業者にとっても悲劇の再来になってしまわないよう、悲劇を直接体験した者のひとりとして、今後も自戒したいと思う。

第九章　知的財産の事業性評価

Ⅰ．知的財産権とは

これまでの各章で説明してきた通り、動産の評価から始まった日本動産鑑定の業務分野が拡大、多岐にわたってきている点がご理解いただけたかと思う。

さらに、ここ二、三年で事業性評価に対する関心が、金融庁や金融機関だけではなく、企業、とりわけ中小企業側からもしっかりとした評価を望む声も急速に高まりつつある。そこで、当法人が六年前から取り組んでいる評価業務の中で、本章では「知的財産の評価」について触れたい。

知的財産権のうち『特許権』『実用新案権』『意匠権』『商標権』の四つを産業財産権といい、特許庁が所管している。産業財産権制度は、新しい技術、新しいデザイン、ネーミングやロゴマークなどについて、独占権を与えて模倣防止のために保護し、研究開発へのインセンティブを付与したり、取引上の信用を維持したりすることで、産業の

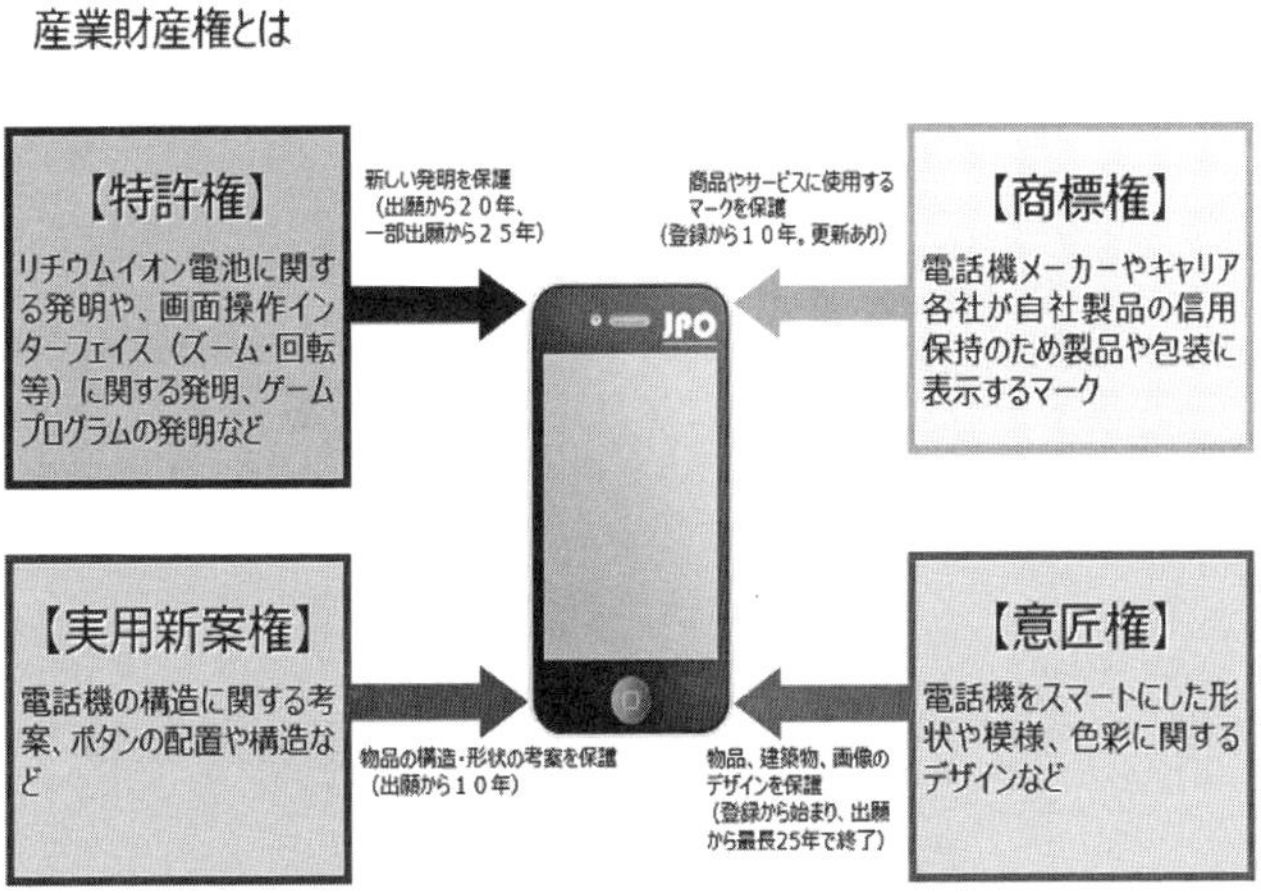
産業財産権とは
【特許権】
リチウムイオン電池に関する発明や、画面操作インターフェイス（ズーム・回転等）に関する発明、ゲームプログラムの発明など
新しい発明を保護（出願から２０年、一部出願から２５年）
【商標権】
電話機メーカーやキャリア各社が自社製品の信用保持のため製品や包装に表示するマーク
商品やサービスに使用するマークを保護（登録から１０年。更新あり）
JPO
【実用新案権】
電話機の構造に関する考案、ボタンの配置や構造など
物品の構造・形状の考案を保護（出願から１０年）
【意匠権】
電話機をスマートにした形状や模様、色彩に関するデザインなど
物品、建築物、画像のデザインを保護（登録から始まり、出願から最長25年で終了）

特許庁資料より

発展を図る目的がある。これらの権利を取得すれば、一定期間、新しい技術などを独占的に実施（使用）できるようになる。

東京オリンピックのエンブレム問題

二〇二〇年の東京オリンピック公式エンブレムにかけられた盗作疑惑から、デザインが差し替えられたという騒動を記憶する方は多いと思う。商標権や著作権が関係するこうした価値の評価は、専門的であり非常に難しい問題。実態を厳密に定義・認識し、把握することに困難が伴う。

この東京オリンピックのロゴ問題で明らかにされたように、自社が作成した会社のロゴや商品のネーミングは、商標権や著作権によって守らないと、無断で他人に利用されて、**本来得られるはずだった利益が流出するという事態を招くことになりかねない。これは、その企業の資産である知的財産の問題にも大きく関わることに気づかされる出来事だ。**

知的財産の評価にとってどのような普及の道が開かれるのか、重要なポイントとなろう。

特定非営利活動法人
日本動産鑑定
PERSONAL. PROPERTY APPRAISER

（日本動産鑑定のロゴ）

Ⅱ．特許庁事業『知財ビジネス評価』の開始

当法人が実施している知的財産の評価については、①市場動向、②知的財産の保有状況、③技術力の評価（商標の場合はブランドの認知度）、④価値評価、⑤販路拡大等――の五項目を中心にチェックし、評価書を作成している。ただ、こうした評価を実施するためには、高度な専門的知識が必要となる事から、当法人のノウハウだけでは難しい面があるのも現実。

二〇一四年、知的財産権と言われる四権利のうち、一つでも保有する中小企業者に対して、動産評価と同様の「知的財産評価書作成事業」が特許庁事業として開始された。当　日本動産鑑定の取組む知財評価書作成に関しては、先ず特許庁事業である『知財ビジネス評価書』作成の〝調査会社〟としての参入経緯も含めて、少し詳しく説明したい。

事業性評価で実績ある当法人と有力専門会社が協働

特許庁の「知財ビジネス評価書事業」は、二〇一四年から、当初一三社の評価会社を指定し開始された事業である。日本動産鑑定も開始二年後の二〇一六年から、評価会社の一員として認定された。当初指定を受けた評価会社は、すべて弁理士としての業務を展開している企業・組織が中心だった。このため、すでに〝評価事業〟の根本への理解をより深めていた特許庁としては、既に実際の事業性評価を実施してきている当法人に白羽の矢を立てたようだ。

当時、当法人は、動産と売掛金の評価を中心的な業としていたが、当初から「近い将来には知的財産・知的資産の評価を手掛ける」ことを展望していた。つまり、事業性評価とは本来、動産、売掛金、知的財産・知的資産のすべてを評価することで成り立つものとの考えによるもの。そこに、不動産評価や財務分析が加わることで、企業の事業性評価の完成に近づくことになる。一五年前に当法人を設立して以来、持ち続けた思いがやっと現実となる時が訪れた、と言える。

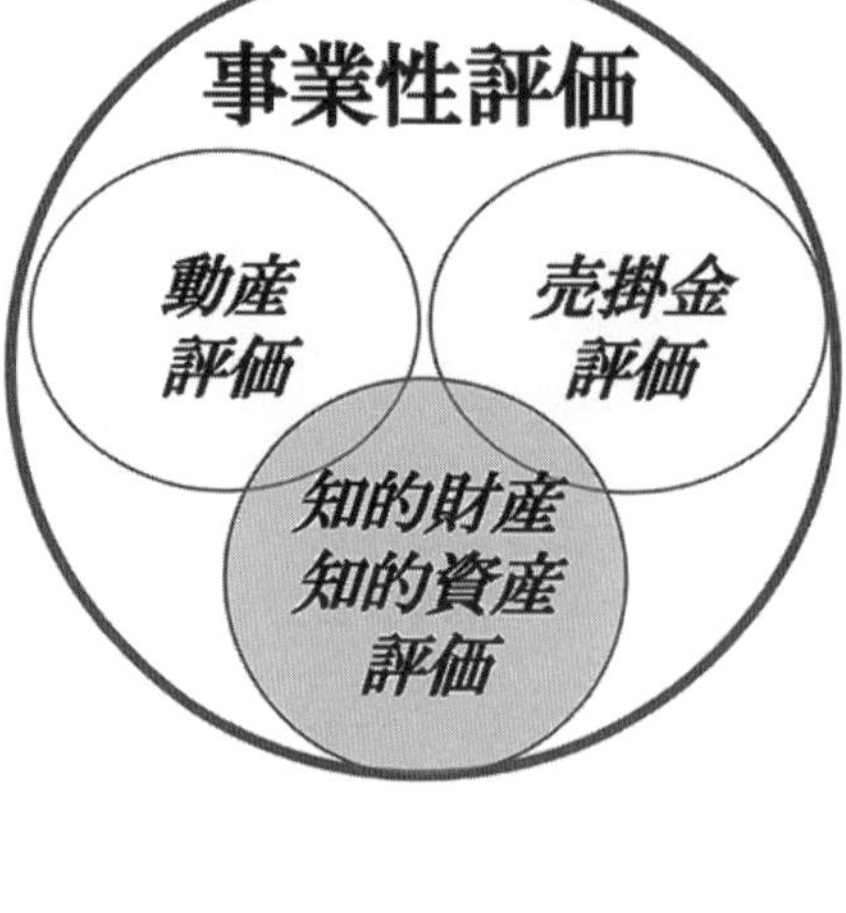

前述のように知財評価につきましては専門性が高いため、共にパートナーとして取組める専門組織や企業が必要となる。このため、こうしたパートナー探しをしている際に、特許庁からの「要請をいただくことが出来たことは、大変ありがたい話として受け止めさせていただいた」訳である。

その結果、日本でも名だたる大手企業四社がパートナーとして名乗りを上げていただき、その中から「パナソニック社」とのご縁を得ることになった。

実務は子会社の「パナソニックＩＰマネジメント社」（賛助会員であり、日本動産鑑定理事）と提携し、知的財産・知的資産の評価に参入することになった。その後、パナソニックグループの組織変更もあり、現在は「パソナナレッジパートナー社」と提携し評価業務を行っている。

PASONA
Knowledge Partner

同社ＨＰより

Ⅲ．知財評価の流れ

知財評価の実務だが、下図の通りの流れとなる。先ずは中小企業から金融機関に事業性評価を依頼することから始まる。依頼を受けた金融機関は日本動産鑑定に評価を依頼する手順となる。

この際、依頼事項に知的財産・知的資産の評価が含まれている場合には、当法人はパソナナレッジパートナー社と共に評価を行い、依頼主である中小企業に完成した事業性評価書を提出する運びとなる。

ちなみに、動産、売掛金の評価については、日本動産鑑定が評価書を作成し、同様に中小企業に完成した事業性評価書を提出する。

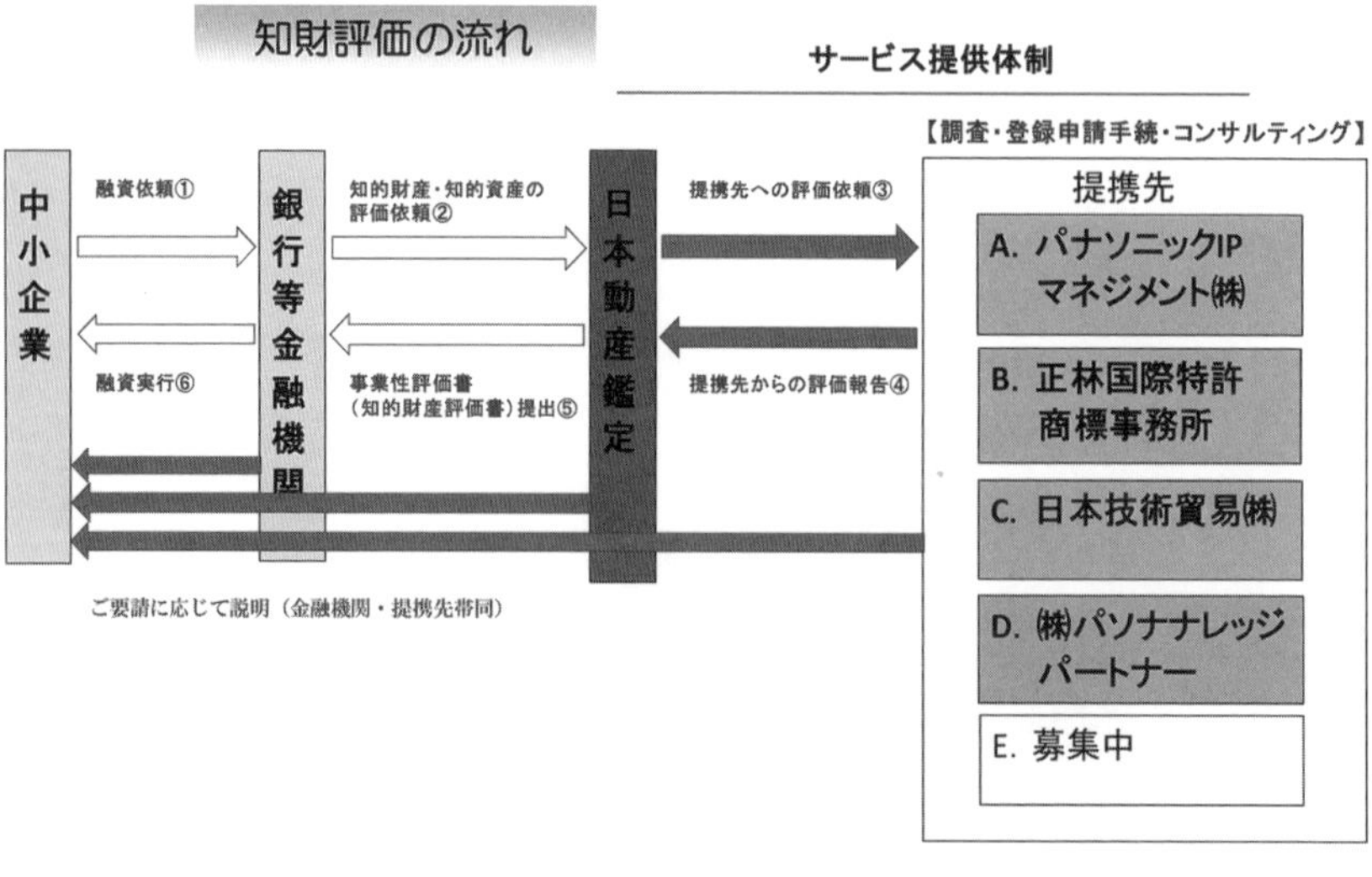

知財評価の流れ
サービス提供体制
【調査・登録申請手続・コンサルティング】
中小企業
融資依頼①
融資実行⑥
銀行等金融機関
知的財産・知的資産の評価依頼②
事業性評価書（知的財産評価書）提出⑤
日本動産鑑定
提携先への評価依頼③
提携先からの評価報告④
提携先
A. パナソニックIPマネジメント㈱
B. 正林国際特許商標事務所
C. 日本技術貿易㈱
D. ㈱パソナナレッジパートナー
E. 募集中
ご要請に応じて説明（金融機関・提携先帯同）

Ⅳ．新たなパートナーの参入

日本動産鑑定は「知的財産・知的資産評価について、パソナナレッジパートナー社以外の企業とも提携も可能で、本評価業務への参入が可能である。現在、日本弁理士協会元副会長を務めた正林真之氏が代表の正林国際特許商標事務所（賛助会員であり、日本動産鑑定理事）、日本動産鑑定の賛助会員であるＮＧＢ（旧・日本技術貿易）と提携。三社の専門組織と協調して知財評価に取り組んでいる。金融機関の中小企業支援への前向きな取組みと、三社の協力により、現在までに約二〇〇先の知的財産評価書を作成するに至るなど、急速に普及が進んでいるのが現状である。

特許庁は「地域金融機関が、中小企業の知恵や工夫を中心とした経営資源を、知財に着目して理解した上で、事業や経営の支援を行うこと、これこそが、〝知財金融〟の目指す姿である」と強調する。今後、多くの金融機関が地域の中小企業の新たな価値創造に関心を高め、知財評価で中小企業の本業支援に向けた事業性評価推進に積極的に取組む中で、当法人としても取組みを強化していきたい。

（正材国際特許商標事務所）

（NGB＝旧・日本技術貿易）

Ⅴ. 知財ビジネス評価書作成事業の受注

前段で説明した通り、日本動産鑑定は二〇一六年から特許庁事業である知財ビジネス評価書作成事業への取組みを開始した。同年度は、総体で一二〇件程度の知財ビジネス評価書の作成が行われた。特許庁から指定された評価会社一三社がこの一二〇件の受注を競い合い、その結果、パナソニックＩＰマネジメント社（当時）と組んだ日本動産鑑定は、全体の三分の一に当たる四〇先の受注に成功した。一番後発の当法人が最も多くの案件を受注する結果になった。

なぜ、このような結果になったのか。特許庁は、東京、大阪、名古屋で「知的財産ビジネス評価書」作成に関する説明会を開催。各社は知財ビジネス評価書作成のための、評価方法や目的、活用方法等など各社なりの特長を説明した。

結果的に、説明内容は、事業性評価書に長年携わってきた日本動産鑑定と当時のパナソニックＩ

Ｐマネジメント社の西原部長の説明は、他の評価会社のそれとは全く異なるものとなった。当法人は、ただ単に特許そのものの説明を主眼とするのではなく、金融機関向けには融資支援をするときに役立つ取引先企業の技術力を含めた実態把握に力を注ぎ、企業向けには、取得特許をどのように活かし、どのようにビジネスに結びつけるかをテーマに、特許の中身を分析する手法を採用した点が、参加した金融機関の深い理解を得たのではないかと考えている。その結果が四〇先受注と言う結果に結びついたものと確信している。

つまり、『事業性評価とは何なのか、それを理解した上での知財評価の役割とは何か』を求めるものであり、取得特許そのものの制度論云々ではなかった。金融機関が融資業務を推進する上で、審査判断に役立つことはもちろん、企業にとっても、企業の資産である知的財産のありようが大きく関わることに気づかされることにつながる。さらには当法人は、本来業務支援のためのコンサルティングを可能とするための、情報提供も兼ねた評価書の内容としており、金融機関の実態を知る当法人の強みを活かした評価書となっている。

Ⅵ．知財評価の役割

事業性評価の重要性は、現在の中小企業が直面するいくつかの問題に大きく関係している。

一例を挙げれば、会社の後継者がいない場合。中小企業で特許や独自の技術を持つ会社の後継者がいないため、廃業したり買収されたりするケースをよく目にする。事業承継が上手くいかなければ、知的財産・知的資産が埋没したり、時には技術力が外国企業に流失する可能性もある。一中小企業だけの問題に止まらず、大げさではなく日本という国の損失にもつながりかねない。

事業性評価については、残念なことに関係者の多くは当たり前のことを実行しないばかりか、まして考えもしない——という現状にあると言わざるを得ない。日本動産鑑定は、ただそれを実行に移しているだけと自負している。今までの実務の中では分かり難かった当たり前のことを、『どのように考え、どのように取組めばいいのか』と、当法人のベテランスタッフたちとあの手この手と知恵を絞り、誰もが実行出来る、そして理解できる事業性評価を編み出した。この点を理解すれば、知財評価に難しい表現を使う必要性がないことも理解できると思う。中小企業が知財評価で一番関心を示しているのは、知財をいかに活用してキャッシュフローを高め、経営に結び付けるヒントが欲しことだ。この点を知財評価する調査会社等は理解しなければならない。

先程、事業承継と言う言葉を述べたが、あるいは『事業再生』とも考えられるが、これらが事業性評価を推進することで、その可能性に大きく期待できるものとなる。

　融資が出来る、ビジネスマッチチングが出来る、連帯保証人を外すことも可能となる。さらには、事業承継でも企業実態が見えるため、事業承継を推進する目途が立つ。事業承継のためには、企業の実態、つまり中身をよく見ないと判断は難しい。中身が良く分かれば、『これなら事業承継は可能だ』と決断できる。父親が経営する会社を息子に継がせたいなら、「会社の事をきちんと教えて、説明できる評価書を作れば一番いいじゃないですか」と、このケースなら父親と息子双方に勧められる。知財評価も動産評価同様に、事業承継にも事業再生にも、重要な評価項目となる。

　後段の第十一章では事業性評価が金融業務の全てに関わる事をより理解していただく。

Ⅶ．五軸の評価指標

　日本動産鑑定は知財評価を推進する上で、いかに評価内容を分かり易くかつ活用出来るかをテーマに、最初に業務提携をしたパナソニックＩＰマネジメント社（現在はパソナナレッジパートナー社）と検討を重ね、「五軸の評価指標」を作成した。

　五軸により、知的財産そのものの評価だけではなく、対象とする製品（技術）の市場トレンド、技術トレンド、知的財産の展開性など、事業の将来性など複数の指標により総合的に評価する。ここでは簡単に説明するが、標準としては五軸を評価指標として設定し、各軸のスコアや各軸間のバランスを評価。評価結果は、窓口となる金融機関を経由して、作成後の評価書を事業者に提出することになる。動産評価書の提出は実地評価後一週間を基準としているが、知財評価書は案件の内容にもかなり違いがあり、三週間程度の余裕が必要となる。

知的財産・知的資産の評価軸・評価項目

評価軸	詳細項目	評価内容	実施対象
①市場動向	和牛市場の生産/消費動向	官公庁の統計データより近年の生産/消費動向を評価。	○
	輸出市場の動向	官公庁の統計データより近年の輸出動向を評価。	○
	赤身肉市場の動向	プレスリリースを中心に最近のトピックスを評価。	○
②権利化状況	出願状況	国内の出願/権利化状況を評価。	○
	海外への出願状況	海外への出願/権利化状況を評価。	○
	他用途への展開	関連製品への展開など権利範囲の広さを評価。	○
③ブランドの認知度	口コミ数ランキング	最近の口コミ投稿数の傾向を評価。	-
	地域性	購入者の地域的な広がりを評価。	-
	最多販売価格帯	購入金額の価格帯と分布を評価。	○
④価値評価 (口コミ分析/金額)	口コミ評価 (ネガ/ポジ)	口コミ投稿の内容をネガ(非好意的)、ポジ(好意的)で評価。	-
	単価上昇効果	非ブランド和牛との部位別単価を比較。	○
	官能評価(実食)	実食により他ブランド和牛との味を比較、評価。	○
⑤その他	関連特許の保有状況	「熟成肉」「赤身肉」に関する他社出願特許の傾向を評価。	○
	海外出願動向	同海外出願特許の傾向を評価。	○
	その他加点要素	依頼者様による独自項目で評価。	○

第一〇章　ＡＢＬトータルサポートプランの全体像

前章まで、事業性評価についてさまざまな分野に分けて述べてきた。ここでは、日本動産鑑定が、現在取り組んでいるこれら支援業務を、動産、知的財産評価を含んだ『ＡＢＬトータルサポートプラン』として位置付けており、その全体像を解説する。

次頁（二ページ）の図表では左から三列目に日本動産鑑定の『ＡＢＬトータルサポートプラン』の各業務を⑴～⑺に分類し、項目それぞれについて右側に業務の詳細を示している。

以下、各業務の概略は次の通り。

⑴**『ＡＢＬ業務支援サービス』**　ＡＢＬ普及のための教育部門を担う。動産評価アドバイザー、事業性評価アドバイザーなどを養成する認定講座、認定試験等、金融機関向けのＡＢＬ活用を通して人材育成をサポート。

⑵**『動産・債権評価鑑定サービス』**　動産、売掛債権、太陽光発電所、養殖業等の事業性評価業務及び小口棚卸業務を担う。

⑶**『知的財産・知的資産の評価サービス』**　前章で詳細を説明した通り。⑵の動産、売掛債権とこの⑶の知的財産・知的資産評価で、事業性評価部門を構成している。

(4)『在庫モニタリングサービス』

既に評価した在庫商品が、評価後どのように変化しているのかのモニタリングが必要となる。そのための管理ノウハウを提供する。内容は営業倉庫在庫管理システムや、モニタリングのための担保動産の写真撮影等。

詳細な業務内容	サービス支援企業 当法人を含む 【2022年3月現在】
(A) 勉強会・研修会 (B) 事業性評価アドバイザー養成認定講座 (C) 動産評価アドバイザー養成認定講座 (D) 検定試験 ABL動産評価アシスタントアドバイザー (E) 通信教育 (F) 内部規程支援サービス (G) 小冊子『これでわかるABL』	(A) (F) 日本動産鑑定 (B) 主催：日本動産鑑定 (C) 主催：日本動産鑑定 共催：一般社団法人 金融財政事情研究会 (D) 一般社団法人 金融財政事情研究会 (E) (G) ㈱きんざい
(A) 動産評価鑑定業務 (B) 売掛債権評価業務 (C) 太陽光発電所の事業性評価業務 (D) 養殖業の事業性評価業務 (E) 小口棚卸業務	(A) (B) (C) (D) 日本動産鑑定 (B) ㈱電子債権応用技術研究所 他 評価業務にご協力頂ける賛助会員 (E) アセットインベントリー㈱
(A) 事業性評価のための知的財産・ 知的資産の評価業務	(A) パナソニックIPマネジメント㈱ 正林国際特許商標事務所 NGB㈱ ㈱パソナナレッジパートナー
(A) 営業倉庫在庫管理システムの構築 (B) モニタリングの為の担保動産の写真撮影 (C) 動産担保管理台帳のシステム管理 (D) 流通価格データのクラウドサービス（開発中）	(A) 三井倉庫㈱ (B) エム・ユーフロンティア債権回収㈱ (C) ㈱オービック (D) ㈱電通国際情報サービス 他 データ提供会社
(A) 新流通市場（リマーケット） (B) ビジネスマッチング (C) 新たな処分市場	(A) (B) (C) ㈱リマーケット・エージェンシー 他 処分業務にご協力頂ける賛助会員
(A) ABL総合補償プラン 物流総合保険（動産担保） 取引信用保険（売掛債権担保） (B) ABLトータル・パッケージ・プラン (C) ABL補償プラン（国内物流総合保険） ※日本動産鑑定は保険募集は致しません。	(A) 損害保険ジャパン㈱ (B) あいおいニッセイ同和損害保険㈱ (C) AIG損害保険㈱ ※㈱KK・エージェンシーと共同募集
(A) M&A支援・事業承継支援業務 動産、売掛債権、知的財産・知的資産、 不動産、財務諸表等のすべてを評価し、 より正確な企業価値を算定する。	(A) 大和不動産鑑定㈱ 渥美坂井法律事務所 ㈱帝国データバンクアクシス SSJ司法書士事務所 ㈱電子債権応用技術研究所 パナソニックIPマネジメント㈱ 正林国際特許商標事務所 NGB㈱、㈱パソナナレッジパートナー

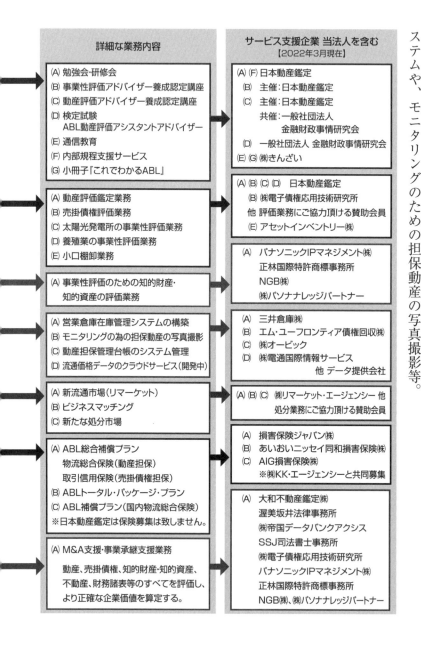

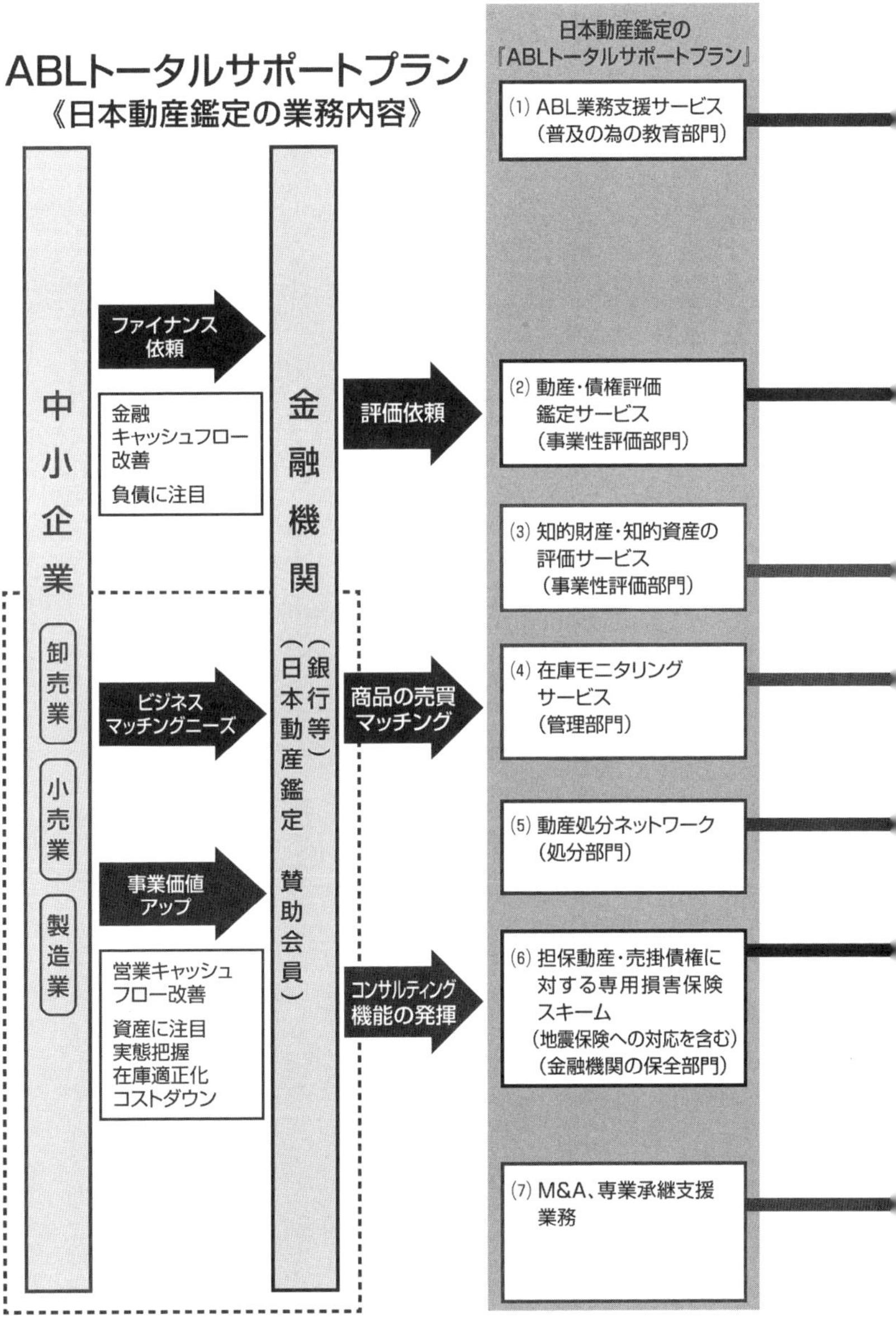
ABLトータルサポートプラン
《日本動産鑑定の業務内容》
中小企業
卸売業
小売業
製造業
ファイナンス依頼
金融
キャッシュフロー改善
負債に注目
ビジネスマッチングニーズ
事業価値アップ
営業キャッシュフロー改善
資産に注目
実態把握
在庫適正化
コストダウン
金融機関
（銀行等）
（日本動産鑑定 賛助会員）
評価依頼
商品の売買マッチング
コンサルティング機能の発揮
日本動産鑑定の
『ABLトータルサポートプラン』
(1) ABL業務支援サービス
（普及の為の教育部門）
(2) 動産・債権評価
鑑定サービス
（事業性評価部門）
(3) 知的財産・知的資産の
評価サービス
（事業性評価部門）
(4) 在庫モニタリング
サービス
（管理部門）
(5) 動産処分ネットワーク
（処分部門）
(6) 担保動産・売掛債権に
対する専用損害保険
スキーム
（地震保険への対応を含む）
（金融機関の保全部門）
(7) M&A、事業承継支援
業務

(5)『**動産処分ネットワーク**』 評価した商品・在庫を換価、つまり売却してキャッシュに換えるまでの方法や、買い取り業者の紹介。

(6)『**担保動産・売掛債権に対する専用損害保険スキーム**』 第一章で取り上げた総合保障プラン及び地震への対応も含むＡＢＬ保障プラン（国内物流総合保険）の取り扱いで保全面を強化。動産担保融資の際に金融機関の保全かつ企業の保全双方を厚くするもの。万が一の際の補償として活用できる損害保険は非常に重要となる。

※損害保険・・最近、南海トラフ地震、集中豪雨の一種であるゲリラ豪雨など、大災害が懸念されている。特に地球環境悪化に伴う気候変動で、日本でも大きな水害が相次ぐなど身近なリスクが高まっていることは周知のこと。これらに対応する損害保険活用は、地域によっては必須事項となっている。金融機関、取引先とも事前に保全策を講じることが重要となる。

(7)『**M&A、事業承継支援業務**』 中小企業でも重要な経営戦略となるこの業務は次章で述べる。

以上七部門が、日本動産鑑定が現在行っている支援業務の全容となる。

〝易しいバイブル〟を提供する『一本の杖』に

一五年前の当法人設立時には、⑵の動産・債権評価鑑定サービスからスタートした。その後、業務を進める中で『動産評価』普及への高く、厚い壁に当たることになった。『今後どのように動産評価普及を進めるか』を熟考。その結果、『先ずは教育活動が最優先』である事に気づき、動産評価アドバイザーの認定資格制度の整備や講座を開設。その後、必要に応じて特許、商標等を取得しながら、業務分野を拡大した。

二〇〇七年一〇月一〇日の設立で、二〇二二年で創業一五年を迎える。当初の動産担保融資のための評価鑑定から、一五年の月日をかけて業務を拡大する事が出来た。一五年前、動産評価の必要性を痛感して法人を設立したものの、社会の動産評価鑑定に対する認知度は相当低いものだった。それがここ七～八年の間に事業性評価と言う言葉が社会に広まり、そしてメディアでも多く取り上げられる機会が増えることとなったのも事実。しかし、事業性評価の認知度は次第に高まっているものの、本当の意味で事業性評価が正しく理解され、結果として中小企業活性化に活かされているかと問われれば「まだまだ、やっと階段を一、二段上がったぐらいである」と言わざるを得ない。

今後、どのくらいの歳月をかけて本物の動産評価が普及出来るのか。筆者にも見当がつかないが、企業の本業支援などを通じ、共に歩む多くの仲間の皆さんとまだまだ全力投球をし続ける。

〝日本に中小企業あり〟と想う皆さんの目的は常に一緒。大きな技術力を持つ中小企業に対して周囲が支援できるための〝易しいバイブル〟を提供する『一本の杖』でありたいと願っている。

第一一章　動産評価（事業性評価）により本業支援は大きく拡大する

この章では改めて動産表価（事業性評価）は、金融機関のあるべき原点である事を申し上げたい。評価することにより、金融機関の業務は大きく前進することが可能だ。動産表価（事業性評価）は金融機関が現在、中心的に取り組んでいる業務推進の全ての原点であることを気付き、認識を深めて欲しい。

中心的な業務推進を列挙すると、

⑴運転資金・設備資金への融資
⑵商流の把握によるビジネスマッチングの推進
⑶経営者保証ガイドラインの適用（保証人の解除）
⑷事業承継先に対する企業実態の把握
⑸M&A先に対する評価額算定の基礎となる資産価値の把握
⑹企業再生に関連したリスク先への対応支援（企業の在庫・商品当、時価価格の把握による具体的支援）
⑺創業支援への取り組み事業価値の把握から（財務諸表での企業診断の前に、在庫・商品価値判断・知財評価）

以上のような⑴から⑺に至る金融機関の企業支援は、全てが動産評価（事業性評価）を実行することが必要かつ重要であることを理解いただけたと思う。

M&A関連について新たな取り組み

このうち、(5)のM&A関連について新たな取り組みを紹介したい。

近年、事業承継を推進する手法の一つとしてM&Aが大きく取り上げられていることは周知のことだと思う。

しかしながら、M&Aを推進する上での課題で、従前からたびたび指摘されてきた点がある。

恐らく多くの関係者が幾度となく耳にし、解決策を模索していたが、これまで有効な具体策が生まれてこなかった課題でもある。

そのことに応える手法がある。

分かりやすく述べると〝餅は餅屋に任す〟ということである。付け加えれば、M&Aの売り買いの価格は、財務諸表、不動産価値からだけで算出する数字ではなく、事業性評価、つまり、動産、売掛債権、知的財産を評価し、併せて技術力や将

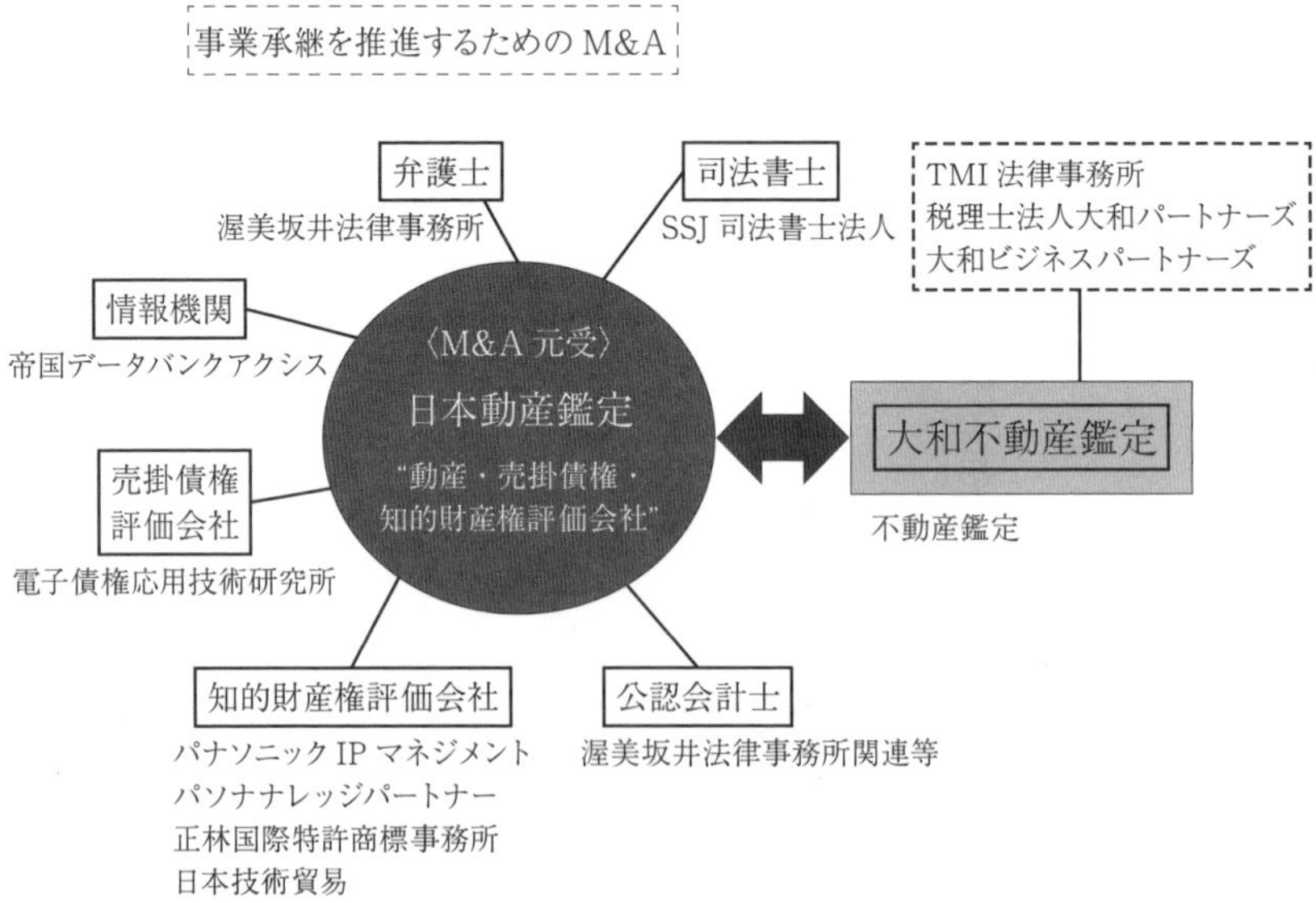
事業承継を推進するためのM&A
弁護士
渥美坂井法律事務所
司法書士
SSJ 司法書士法人
TMI 法律事務所
税理士法人大和パートナーズ
大和ビジネスパートナーズ
情報機関
帝国データバンクアクシス
〈M&A 元受〉
日本動産鑑定
"動産・売掛債権・知的財産権評価会社"
大和不動産鑑定
不動産鑑定
売掛債権評価会社
電子債権応用技術研究所
知的財産権評価会社
パナソニック IP マネジメント
パソナナレッジパートナー
正林国際特許商標事務所
日本技術貿易
公認会計士
渥美坂井法律事務所関連等

来性を調査する必要がある点を、先ずは理解して欲しい。

これからのM&Aの推進はこの手法で取り組む必要があると考える。日本動産鑑定では、前頁の図表の通り大和不動産鑑定にアレンジャーの役割を担っていただき、その他各分野の専門家が参加する事でワンチームを結成し、専門家それぞれが正に〝餅は餅屋〟の力を発揮することで、金融機関及び中小企業の役に立つ取り組みを開始している。

第一二章　金融機関の事業性評価への対応

Ⅰ．事業性評価は、企業経営の展開で全ての前提

事業性評価は、企業が経営を展開していく上で全ての前提となるといっても過言ではない。金融機関の融資判断だけで活用するものではなく、事業承継から、事業再生、M＆Aに至るまで、評価をすること自体が企業診断となる。その結果、いろいろな方面で発展に繋《つな》がる。『評価業務』と一口に言うのは簡単だが、企業の実態に迫れば迫るほど新たな発見があり、評価業務の奥の深さを改めて痛感し、そこから気持ちが高ぶっていくのは筆者だけではないと思う。

しかしながら、社会的な関心や必要性がこれだけ高まっている中で、金融機関の役員や行職員の方々に事業性評価について説明しているものの、残念ながら今もなお、理解しようとしないのか、理解が進まない人も少なくないのが実情だ。

例えば『金融庁の方針にもうたわれており、金融機関は事業性評価を推進する必要がある』ということを頭では理解していても、当方が『ＡＢＬで事業性評価の推進を』と、投げかけても、『当行は、今期方針で事業承継を掲げており、ＡＢＬまで手が回らない』などといった返事が戻ってくるケースが多いのも事実だ。

唖然《あぜん》として〝開いた口が塞がらない〟とは正にこの事である。本書でこれまで述べてきたように、事業承継は『企業実態を明らかにすることからスタート』するもの。それには、企業実態を把握す

るためのＡＢＬ評価は不可欠である。この基本的な事も理解せずに、「取引先管理はきちっとしている」と誇らしげに語る金融機関の役職員がいまだに存在するという現実を、理解に苦しむのは、やはり筆者だけだろうか。

(1)『ゼロゼロ融資』の後始末は

何年か前までの金融機関の現場では、取引先企業の業務内容にについて、多くの経験を積んだ先輩行員達が、後輩にいろいろと教えてくれた時代だった。最近は、自分から飛び込んで経験を積まなければ、取引先との会話やコミュニケーションはもちろん、とてもコンサルティング業務の推進などは検討に入ることさえ出来ない。現在金融機関がおかれている状況からすれば、効率化の観点から人員削減等、経費圧縮を最大の経営テーマにする点は理解できない事でもない。しかし、収益対策は重要だが、投資信託の販売などあまりにも目先の収益対策に偏り過ぎ、金融機関の本来業務である取引先企業に対する本業支援が疎かになると、そのツケを払うことになるのも必至だ。

また、新型コロナウイルス感染症拡大によって経営が悪化した企業を支援するために実施された実質無利子・無担保融資（いわゆるゼロゼロ融資）の取り扱いは、二〇二二年（令和四年）には返済が本格化している。保証付き融資では焦げ付きも増えて来た。政府はコロナ融資を二〇二二年（令和四年）九月まで延期したが、規律なき追加融資は企業のゾンビ化にもつながりかねない。

さらに、ロシアによるウクライナ侵攻で、ロシア向けの取引が縮小したり、原油高で費用負担が重くなったりし、企業の先行きに新たな不透明感も漂っている。ゼロゼロ融資に積極的に取り組んだ金融機関は、自らリスクをとってでも取引先を支えるのか、ゼロゼロ融資の終了に伴いまたまた慎重姿勢に転じるのか。企業診断・実態把握を疎かにして融資の取扱金額の増強に走ってしまった金融機関では、大きな禍根を残すこととなりそうだ。

(2) 懸念されるもう一つの禍根

もう一つ禍根を残してしまいそうなことを付け加えれば、当座貸し越し融資の間違った認識による推進である。同融資の基本をあまり理解せずに、効率化や印紙税の削減効果のみを前面に出した推進拡大で、融資先のコントロールが疎かになる事態を招いてしまうことだ。一にも二にも同融資の実態を理解していないことが原因である。元々、当貸しの取り扱いは、効率化や印紙税の削減が主体の話ではなく、どちらかと言えば、優良取引先に対して売り込む極度型融資のことで、ある面、融資枠の管理をするだけで融資が伸ばせる商品。当然の事ながら不動産担保や預金の見返り等も見た上での取り扱いとなる。このような融資形態をしっかり理解したなら、当貸枠を活用できるのは一支店でもわずか数先であり、ましてやミドルリスク先に対して当貸枠を設定すること自体が本末転倒なことである。中には、この当貸を期初の推進項目として掲げた金融機関もあるようだ。

当貸しを積極的に推進すべくＰＲする事にも問題があるが、一部の情報を真に受けて実践で取り入れてしまうお粗末さにも反省する必要がある。せっかく、企業の総合的な価値を〝見える化〟する事業性評価を推進しているさなかで、融資の基本を無視した情報提供に惑わされることがないよう、十分に注意が必要である。

(3) 本業支援は取引先との信頼関係構築の核心

バブル経済崩壊となるまでは、金融機関で働く先輩達は、恐らく大半の人達が〝バンカー〟としての誇りを胸に、身体を張って、取引先との厚い信頼関係の構築に力を注いだ。そこには、取引先企業の実態を自ら把握して闘っている姿があった。そうした先輩達の言動を後輩の我々はしっかりと見つめ、受け止めて、一人前の〝バンカー〟を目指して来たつもりだ。残念ながら、今はそれが出来る人が少なくなってしまったことに加え、外部機関などが実践経験、現場を知らないにわか仕込みの知識による机上論のみで、金融機関にコンサルティングをする現実を見るにつけ、時代の変革を痛感するとともに、僭越《せんえつ》ながら将来の金融機関のありようを危惧するばかりだ。

過去の銀行業務は、『身体で覚えろ』と言うような部分もあったが、今ではＩＴ化とマニュアル化が進み、良く言えば体系化、悪く言えば手抜きになっているのではないか。取引先の実態に深入りしなくなってしまっている。『スコアリング方式』などは、正にその代表的なものではないだろうか。

本書でも繰り返して述べてきたが、ＡＢＬの活用は金融機関のあるべき原点である。ＡＢＬは事業性評価の根幹となり、動産評価によってそれぞれの企業の実態が〝見える化〟する。その企業がどのような経営資源を備えているかが分かるということは、即ち、その企業に対する支援の具体策を示すことが可能となる訳である。

⑷本業支援（顧客本位）が第一義的な目標

全国の金融機関に対してその改善が強く求められている『不動産担保、個人保証に過度に依存した融資姿勢』は、これまで金融機関側が企業実態を理解してこなかった結果による『消去法的な選択』だったように思う。

現状、『事業性評価に基づく短期継続融資（資金繰り改善）と長期設備融資（成長支援）に取り組む〝進んでいる〟金融機関と、従来型の低金利競争に明け暮れる〝遅れている〟金融機関の間で、地元取引先の活性化、その面的展開である地方創生の実績としての差が大きく広がりつつある。

〝進んでいる〟金融機関に共通する特徴として、自らの収益確保・増大（自己本位）ではなく、取引先の営業キャッシュフローの改善など、本業支援（顧客本位）を第一義的な目標としている事が挙げられる。実はこれこそが、取引先との信頼関係を構築する核心だと思う。融資営業の最前線では、『あくまでも取引先の成長が本筋。覚悟と本気さと熱意がなければ取引先との信頼関係は築けず、取り組む資格も意味もない。事業再生や成長支援で顧客の喜ぶ顔を見ると、やりがいを感じられることは間違いなく、仕事も楽しくバンカー冥利に尽きる』という思いを皆持っている。ところが実際の融資現場では融資先の選定から融資先の決定、担保の設定に至るまで、『自行本位』が優先している場面が多々あるのも現実だ。ただその中でも〝顧客本位〟の発想は、顧客企業の『成長支援』『生業支援』のいずれでも不可欠であり、本来のあり方だと思う。

Ⅱ．経営統合に見る金融機関の生き残り

今、地方銀行、第二地方銀行、信用金庫、信用組合で、合併や経営統合の動きが相次いでいる。都道府県内の経営統合にとどまらず、県境を越えての経営統合、二行の統合にとどまらない経営統合も出ている。その経営統合に当って、興味深い展開も見られる。

具体名は差し控えるが、ある経営統合で、既に事業性評価に取り組んで実績を上げている銀行と、事業性評価に注力してこなかった銀行の経営統合のケースがある。

経営統合が決まり、二行間の各部門で調整が始まると、事業性評価に手を付けていなかった銀行が相手銀行の取り組みが進んでいる現実を目の当たりにした結果、急速に危機感を強めて、短期間で一気に教育プログラムを進め、差を縮めようとしたケースである。銀行合併で考えられるのは、基本的に審査部門が重要な位置を占めることが予想され、どちらの銀行が本流となり審査部門の担当となるかが最大の関心事となる事には異論がないと思う。事例のケースでは、後から事業性評価への対応に努めた側も、予想を上回る成果をあげ、相手銀行と見劣りしない状態まで進んだ。その結果、統合後の新銀行では「目指す融資体制がスムーズに実施できる結果となった」という。この

事例のように短期間でも本来の事業性評価を理解し、銀行をあげて取り組めば、事業性評価対応も進むことが出来るという実例である。

ただ、こうした対応は一人や二人の行員が理解しただけではどうにもならない。経営トップが事業性評価を正しく理解し、経営統合後の中小企業支援への事業性評価の重要性を認識し、しっかり考えて取り組むべき重要なテーマに位置付けて欲しい。もう一度出発点に戻り、一から考えて欲しいと思う。取引先と日々接している〝現場に近い〟担当者だけが理解しても、経営層が理解しようとしないために、筆者が何度説明、理解を求めても一向に事業性評価が進まない金融機関は今でも多く存在している。早急な対応が必要だと思う。

Ⅲ．信頼される時価評価のために　―小口棚卸の開発―

(1)ＡＢＬ推進上の問題点に『棚卸』

ＡＢＬを推進するに当たって、動産評価（事業性評価）でクリアしなければならない大きな課題の一つに企業の『棚卸』がある。現状は次のような状況にある。

①中小企業で、売上管理、在庫管理上で必須の棚卸を実施しない企業が大半を占める。

②動産評価（事業性評価）を実施する上で、正確な在庫表の存在は現状乏しい。

③動産評価（事業性評価）は在庫表あっての評価である。

(2)なぜ棚卸がなされていないのか

本来なら年間で上期・下期に一回ずつ実施する必要がある棚卸作業だが、現実的には行われていない企業が多数存在する。それでは、なぜ棚卸が実施されないのか。一つには、絶えず膨大な量の商品・材料の入出庫が行われる倉庫では、その流れを一時的に止めてしまう棚卸が大きな負担となっている現状がある。二つ目に考えられるのは、仮に棚卸業者に依頼する場合では、棚卸費用がかさむこと、三つ目は、棚卸実施のための人員の負担や、作業時間の確保に問題を抱えていることが大きな要因となっているようだ。

(3) 動産評価業務の基本的な流れ

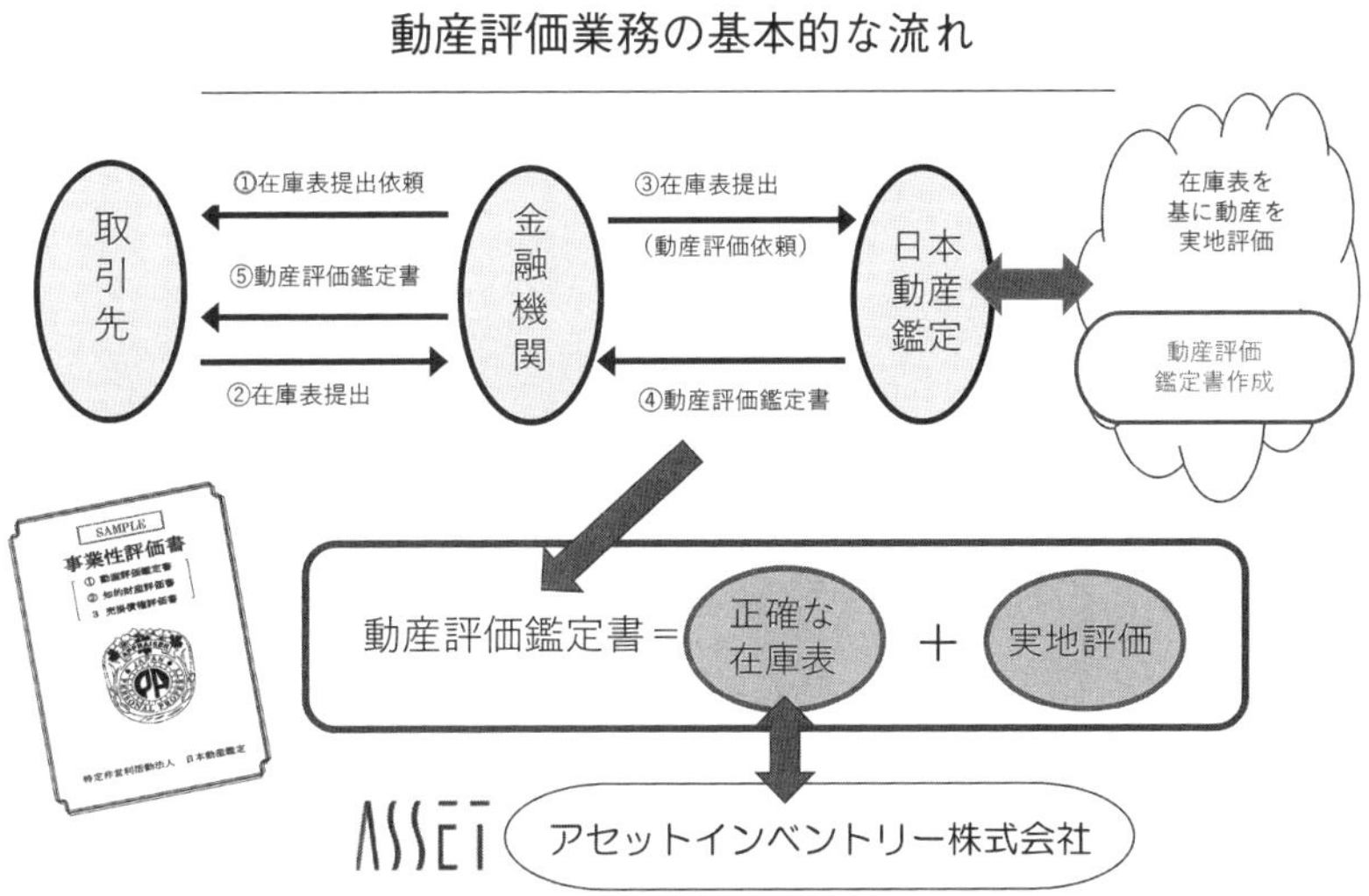
動産評価業務の基本的な流れ
取引先
金融機関
日本動産鑑定
①在庫表提出依頼
⑤動産評価鑑定書
②在庫表提出
③在庫表提出
（動産評価依頼）
④動産評価鑑定書
在庫表を基に動産を実地評価
動産評価鑑定書作成
SAMPLE
事業性評価書
動産評価鑑定書＝正確な在庫表＋実地評価
ASSET
アセットインベントリー株式会社

(4) ＡＢＬ推進に強力な棚卸会社と提携

前述(2)の一～二の問題に対しては、長年にわたりＡＢＬ推進上の最大のテーマとして従来から取り組んできた。

棚卸は当然のことながら企業の実態把握のための最大のキーポイントであり、決算書上に掲載される棚卸金額は企業にとっても命である事は間違いない。ところが実際には、大企業は別格として、中小・零細企業の棚卸数字がどこまで信頼できるのか。企業の決算内容や経営分析上でなかなか難しい課題の一つと言われ続けている。

金融機関は融資案件に対して、必ず在庫・商品の実態数字を求めているが、現実問題として、現場の担当支店もその正確な数字をつかめていないのが現状である。

こうしたことから、あくまでも取引先から提出される在庫票を信じるしかなかったとも言える。つまり、動産評価するにあたり、一番重要な在庫表を金融機関からの提出資料を信頼し、動産評価を実施する方法が、従来の動産評価だったのである。

金融機関も、日本動産鑑定も在庫票の数字を信じることで動産評価は行われている。

（もちろん全ての中小・零細企業が棚卸を未実施と言う事ではないことも強調しておきたい）

(5) 棚卸サービス ―『小口棚卸』の開発―

棚卸未実施という問題を解決できたのが、後述する『小口棚卸』の開発である。

二〇二〇年（令和二年）三月、アセットインベントリー株式会社（千葉県柏市）と提携したことにより、以下に紹介する中小企業向けの棚卸が開発できることになった。

◇小口棚卸の概要

・全国にある四〇拠点を活用し、全国の金融機関化への対応が可能

・全ての業種に対しての棚卸が可能

・売価・数量でカウントする金額棚卸はもちろん、単品の棚卸ではバーコードのスキャンにより取引先の要望に応じたデータ処理が可能

・棚卸し要員の確保及び手間、コスト削減を図り、棚卸時間の短縮が可能。『店舗』の場合は店舗をオープンしながら棚卸が可能など、棚卸を依頼する側の要望に立った対応が可能である

・棚卸費用は物、場所、数量により一律ではないが、数十万円程度に抑えられる見通し

以上のように紹介した小口棚卸の実現により、全国の中小・零細企業、そして取引金融機関にとっては今後の業務運営に大変役に立つことになると思う。しっかりとした専門業者が実施した棚卸により算出された数字を基にした在庫表が完成することになる。このような正確な在庫表の実現で、当日本動産鑑定にとっても、従来以上により正確な事業性評価書の作成につながり、金融機関による中小企業支援体制がより充実、整備されたことになる。

第一三章　事業成長担保の実現に向けて

金融庁
Financial Services Agency

金融庁は一二〇年超、続いてきた融資慣行の見直し目指す

金融庁は、一八九八年施行の明治民法施行以来、一二〇年を超える長きにわたり続いてきた融資慣行の見直しを目指している。

金融庁は二〇二一年一一月に、企業の技術や顧客基盤を担保にした融資の実現に向けた実務上の課題をまとめた。担保の設定方法や実行の条件など一二項目を列挙し、二〇二二年度の法制審議会での具体的な議論のたたき台にもなっている。不動産や経営者の個人保証に過度に依存する日本独特の融資慣行の見直しをめざす動きとなっている。

以下、二〇二二年二月三日付の日本経済新聞記事から引用する。

……金融機関は融資の際に、相手が返済できなくなったときに備えて、損失を埋め合わせる担保を取るのが通例だ。一八九八年施工の明治民法で質権や建物、土地を担保に設定できると定めてから大筋はほぼ変わっていない。これが金融機関の硬直的な貸し出しの一因になってきた。

日本の産業構造が工場や機械など有形資産から、情報や顧客基盤といった無形資産に重点が移りつつある。金融機関がこうした変化も踏まえて担保を設定することが、経済の成長にも繋がるという基本認識がある。

法制審では二〇二一年四月から無形資産を含む事業価値全体に担保権を設定する『事業成長担保権』の法制化を検討。金融庁も独自に設置した有識者会議の議論を踏まえて実務上の論点をまとめた。

事業成長担保権は事業の実績が少ないスタートアップ企業への融資を促す側面がある。例えば、創業スタートアップが研究成果や特許に基づいて融資を引き出し、設備投資の資金を得るといった例が想定される。金融機関が独自の裁量で事業そのものを審査し、リスクをとるきっかけになる。IT（情報技術）企業が持つ暗号化技術なども担保になりえる。

新型コロナウイルス禍で企業財務が悪化する中、企業再生にも有効な手立てとなる。受注の回復状況や地域でのブランド力を評価するには金融機関の目利き力が問われる。正当に評価出来れば金融機関にとっても商機が広がることにもなる……


ここまでいろいろと財務分析、不動産から動産、売掛債権、知的財産と評価の進化を紹介しながら事業性評価の重要性とその実績をご紹介してきた。前記の日本経済新聞社の記事からもお分かりの通り、いよいよ『事業成長担保』に向けて始動した事を理解、認識できたと思う。

不動産担保と連帯保証人に頼って進めて来た日本の融資態勢がいよいよ変わる時が近づいている。筆者が動産評価、つまりABLの推進を始めたのが、この書籍の出版時から遡《さかのぼ》ること約一五年前の二〇〇七年一〇月。不動産担保や保証人に過度に依存しない融資姿勢のあり方が鮮明に求められる前段が動産評価であり、そして売掛債権評価、知的財産評価へと時間はかかったが、「やっとここまできた」というのが実感である。金融機関が本来の機能を発揮し、中小企業を支援する体制を続けるためには、金融に携わるすべての人達がこの道理を理解しなくてはならない。

日本の経済を担う多くの中小企業が誇りとする〝見捨ててはならない技術力〟の発展のためにも、『事業成長評価』は必要不可欠である。〝事業成長担保化への軌跡〟が理解いただけただろうか。

最終章である次章で、事業性評価つまり〝事業成長評価〟を実際に行った事例を紹介する。

最終章

【事例】これぞ事業性評価（事業成長評価）だ

『知的財産』評価の事例

- 事例１　日本の伝統的な技術力の活用（地域活性化）
- 事例２　高度な中小企業の技術力を理解することで保全重視ではない金融支援を達成　⇒　これぞ本業支援
- 事例３　国内有数の総合保冷剤メーカー、JAXAとの共同出願
- 事例４　“たかが運搬用の箱”、コスト、保管効率、組立で特許

☆ *事例３×事例４*　***中小企業の地域を越えた技術力活用によるビジネスマッチングの好事例***

事例１　日本の伝統的な技術力の活用（地域活性化）

～ 地方の中小・零細企業は、伝統的な技術の宝庫。この無形・有形の技術を最大限に活かすには、地域金融機関の理解と支援が最も重要 ～

会社概要

岐阜県　地元で長年続く稼業の鍛冶屋

知財内容

- □ 太陽光発電用パネル設置に伴う傾斜屋根からの落雪防止装置（特許）
  - ・市内の住宅向け太陽光パネル35000世帯のうち4000世帯で同装置を活用

背景

- □ 鍛冶屋である父親が立ち上げた会社
- □ 屋台祭りで活躍する「山車」の素材である樫の木を防御する金属加工技術（職人技）を伝承
- □ 代変わりで息子2人が、鍛冶屋から脱皮した将来のためにアイデアを出し、金属加工技術を活かした「落雪防止措置」を世に送り出した

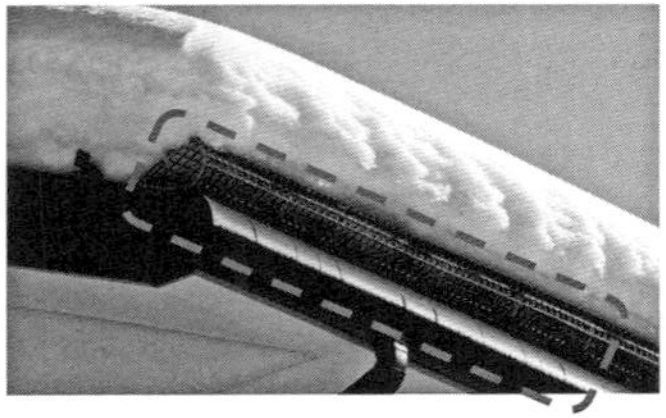

屋根に積もった雪の崩落を防ぎつつ、雪と空気の温度差、昼と夜の温度差を利用し、雪を溶かしながら除雪（出典：同社 ホームページより）

◆全国の祭り屋台（山/鉾/山車」の車輪に鉄枠をはめ込む「輪締め」という伝統技術を落雪防止技術に活かす

企業経営者のヒアリングを終えて

- ■ 地方の技術者（職人）は正に「下町ロケット」
- ■ 地域金融機関において、こうした企業の技術力をしっかり理解できれば、将来のキャッシュフローも掴め、ビジネスマッチングによる売上貢献、工場設備資金など自信を持って支援できるのではないか
- ■ ビジネスマッチング先の候補地
  住宅密集地域が有望・・・具体例としては関東では降雪の多い多摩地区等

すべて自然現象を応用した製品であるため、電気、ガスなどを使わず、設置後にメンテナンス費用や維持費を必要としない。
また、材質の選定や形状の工夫により、長期間経過しても効果を発揮し続け、厳しい環境下でも耐える高品質で長寿命な製品。

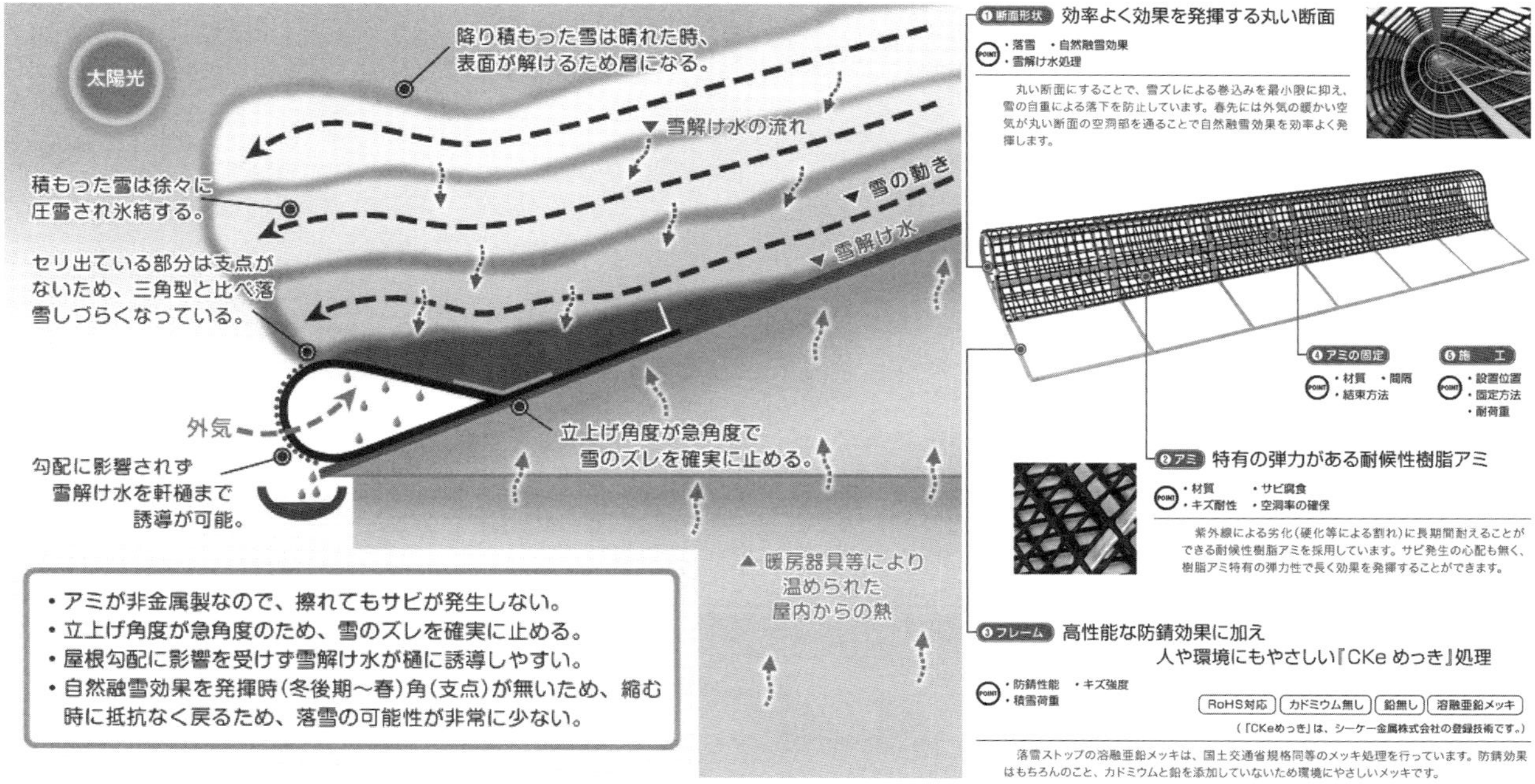
太陽光
降り積もった雪は晴れた時、表面が解けるため層になる。
▼雪解け水の流れ
積もった雪は徐々に圧雪され氷結する。
▼雪の動き
▼雪解け水
セリ出ている部分は支点がないため、三角型と比べ落雪しづらくなっている。
外気
立上げ角度が急角度で雪のズレを確実に止める。
勾配に影響されず雪解け水を軒樋まで誘導が可能。
▲暖房器具等により温められた屋内からの熱
・アミが非金属製なので、擦れてもサビが発生しない。
・立上げ角度が急角度のため、雪のズレを確実に止める。
・屋根勾配に影響を受けず雪解け水が樋に誘導しやすい。
・自然融雪効果を発揮時（冬後期〜春）角（支点）が無いため、縮む時に抵抗なく戻るため、落雪の可能性が非常に少ない。
❶断面形状 効率よく効果を発揮する丸い断面
POINT ・落雪 ・自然融雪効果 ・雪解け水処理
丸い断面にすることで、雪ズレによる巻込みを最小限に抑え、雪の自重による落下を防止しています。春先には外気の暖かい空気が丸い断面の空洞部を通ることで自然融雪効果を効率よく発揮します。
❹アミの固定
POINT ・材質 ・間隔 ・結束方法
❺施 工
POINT ・設置位置 ・固定方法 ・耐荷重
❷アミ 特有の弾力がある耐候性樹脂アミ
POINT ・材質 ・サビ腐食 ・キズ耐性 ・空洞率の確保
紫外線による劣化（硬化等による割れ）に長期間耐えることができる耐候性樹脂アミを採用しています。サビ発生の心配も無く、樹脂アミ特有の弾力性で長く効果を発揮することができます。
❸フレーム 高性能な防錆効果に加え人や環境にもやさしい『CKe めっき』処理
POINT ・防錆性能 ・キズ強度 ・積雪荷重
RoHS対応
カドミウム無し
鉛無し
溶融亜鉛メッキ
（「CKeめっき」は、シーケー金属株式会社の登録技術です。）
落雪ストップの溶融亜鉛メッキは、国土交通省規格同等のメッキ処理を行っています。防錆効果はもちろんのこと、カドミウムと鉛を添加していないため環境にやさしいメッキです。

出典：同社 ホームページより

事例２　高度な中小企業の技術力を理解することで保全重視ではない金融支援を達成⇒これぞ本業支援　その１

取引金融機関の理解力アップ⇒金融支援がスムーズに展開

会社概要

大分県　機能性液晶フィルムの研究開発・製造・販売

知財内容

□ 特許・商標多数（海外特許含む）
「電源をオフにすると白濁する液晶調光フィルム」

（日経新聞より）
2016年9月より発売されたこの商品は、非通電時が白濁であるため、安全性が重視される自動車・飛行機、鉄道などの輸送機器など用途拡大が見込まれる。正に「下町ロケットの実写版」

出典：同社ホームページより

通電時は、透明な状態

非通電時は、白濁した状態

- 3年前まではこの技術が認められず、資金繰りも含め大変な苦労の連続だった
- 社長が小さな町工場に寝泊まりし開発に没頭した十数年、苦労の甲斐あり世界に羽ばたく企業が「誕生」

背景

□ 同席した取引店の支店長は、同社の技術内容が高度なため、何度尋ねても理解できず苦慮していた・・

□ 一方、同社社長も一見取りつきにくい印象があり、金融機関に理解を示せず、本音の話を進めることができない状況が続いていた

□ ところが、今回の知財ヒアリングでは、その社長が当金融機関の対応を理解・感謝。
「取引推進上に大きなプレゼントをいただいた」とお褒めの言葉をいただいた

企業経営者のヒアリングを終えて

■ 中小企業の事業主は、とことん叩き上げで素晴らしい技術を作り上げている

■ 知財ヒアリングを通じた事業性評価は、正に企業の実態を知り、信頼関係を築き上げることに他ならない

■ 業績が拡大すると、他の金融機関からのアプローチは激しさを増す。特に良い融資条件の提示となるのが現実。しかし、このような知財評価はそれらのアプローチを排除できる力を発揮することになる　⇒　事業性評価の神髄！！

■ リニアモーターカーなどトンネルが多いような場合、非通電状態にして　そこにニュース、テレビやビデオを流すことも可能である　⇒　技術の活用範囲は無限大である

■ 金融機関は、この技術力なぜ凄いのか、どのように活用できるのかが理解できていなかった

日経新聞（2019年2月22日付）

豊田通商が35％出資

車フィルム拡販

光学フィルム開発製造の　（大分県日出町、　一社長）は21日、豊田通商が資本提携し、自動車などへのフィルム販売を拡大すると発表した。豊田通商は　の発行済み株式の35・28％を取得する。提携により、通電で曇らすことができる独自フィルムの売上高を22年度に19年度比2倍の20億円に増やす計画だ。

豊田通商は大分銀行系の大分ベンチャーキャピタル（大分市）が保有する　の株式を取得するほか、同社の第三者割当増資を引き受けるなどして資本参加した。取得額は公表していない。また非常勤を含めた取締役3人を2月1日付で派遣した。

　ンは2004年に大分市で創業したベンチャー企業。独自技術を生かした液晶フィルムを得意とし、通常はガラスのように透明だが電気を通すと曇る　と呼ぶ液晶調光フィルムを15年に世界で初めて開発した。

豊田通商は自社の販売網などを生かし、　の調光フィルムの量産や販売体制を支援する。トヨタ自動車グループの自動車部品への採用を目指すほか、デジタルサイネージ（電子看板）や住宅・オフィス向けの販売を強化する。

6億円を投じた新工場が19年3月から本格稼働するが、需要の急拡大を見越し、新工場を2億円かけて新たに増築。増築部分にはカッティングマシンを導入し、製造・加工・出荷を一貫してできる体制を整える。増築工事は6月竣工予定。

同日、大分市で会見した馬場社長は「摂氏100度を超す条件でも耐久性がある製品は世界で当社しかない。乗用車への標準装備を目指したい」と意気込みを語った。

　の19年度売上高は10億円を見込む。同社は豊田通商との提携効果が出てくる22年度に「2倍の20億円に引き上げたい」という。凸版印刷と16年に締結した製造販売の営業契約は継続する。馬場社長は「厳しい時期もあったが、業務提携で事業を一段と拡大したい」としている。

事例３　国内有数の総合保冷剤メーカー、JAXAとの共同出願

＜海外（タイ）での生産など、幅広く事業を展開。知財の中心が実用新案権で、今後安定した権利を得るために、特許取得の増加を提案した事例。加えてビジネスマッチングへと展開＞

会社概要

室蘭市 各種フリーザーアイスの製造・販売、ドライアイスの販売、保冷バッグの販売、贈答品の販売

知財内容

- 関連特許の発明の範囲は「保冷剤」、「保冷容器」、「冷却枕」と比較的に幅広く権利化を実施
- 保冷剤と包装箱の関係を権利化している為に立証性は容易であるが、実用新案権なので権利活用に関して高度な注意義務を要する
  - 同社の保冷材の特徴は、他社が真似のできない技術として『－74℃～50℃』の間で調整可能な保冷剤技術を保有しています。又、輸送用の箱（パッケージ）の梱包等の配慮は必要ですが72時間、決められた温度設定が可能な保冷剤
  - 例えば水枕としての活用であれば、家庭の冷蔵庫内で一時間程度あれば直ぐに使用可能となります。凍結状態にするのであれば、家庭用フリーザー内で8時間程度あれば全凍結します

業務用保冷剤

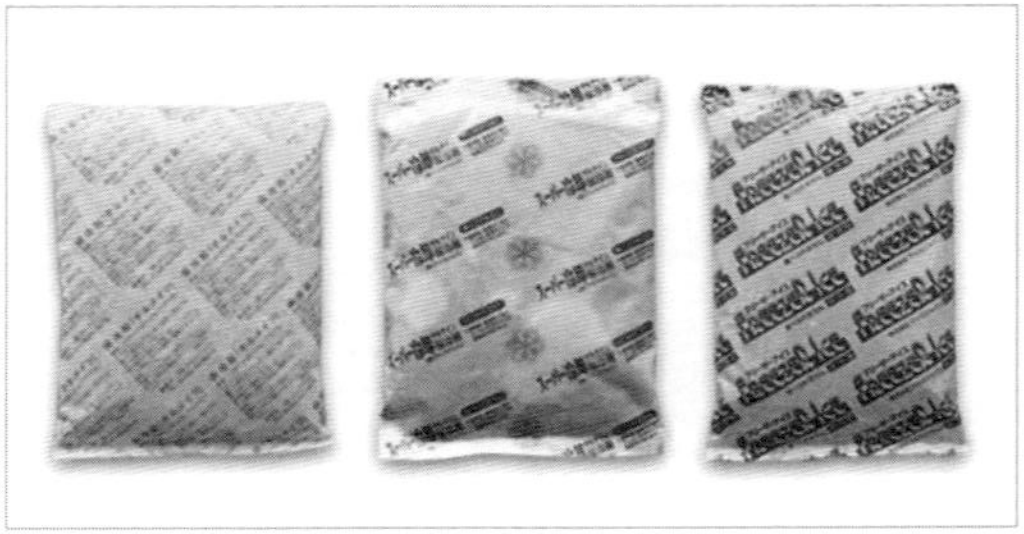

- 同社の社長は3年前から仕事に対する考え方に変化が起こり、これからは『世にない物をつくる』との考え方で新たな特許出願も複数件用意をされており、当初心配していた実用新案権のみではなく、特許による権利確保にしっかりと向かっている事を確認できました。
- 今後については、海外（ASEAN、中国等）との間で冷凍食品の需要に対応する保冷剤や搬送機器の確保やシステムへの対応も重要となると想定されます。

事例４　“たかが運搬用の箱、されど必要とされる箱”の活用で、金融機関としてなかなか本業支援が出来ない取引先事例

会社概要

大阪市

- 同社は組み立て式箱体のプラスチック容器を製造販売。「コスト」「保管効率」「組立容器」に注力して、特許を保有する企業
- 農産品物流の改善、効率化に向けて運搬・保管効率に適した知財を保有しており政府の輸出力強化の施策に沿った海外での知財強化も今後重要

知財内容

- □ 同社の容器は、運搬/保管効率に適し、特に段積可能、連結強度といった課題に対しても、先進的に着目して製造された箱体で、特許権・商標権を取得
- □ 農産物・食料品において、人手不足対策や輸出強化の政府施策もあり需要は伸びる可能性

ビジネスマッチングへの展開

- □ 農産物・食料品・医療品等、必要な温度湿度に対応できる箱体の運用が急務
- □ そこで、事例３の室蘭市の企業（保冷剤－74℃～50℃開発済）の技術を紹介・マッチング

プラスチック容器（制作事例）

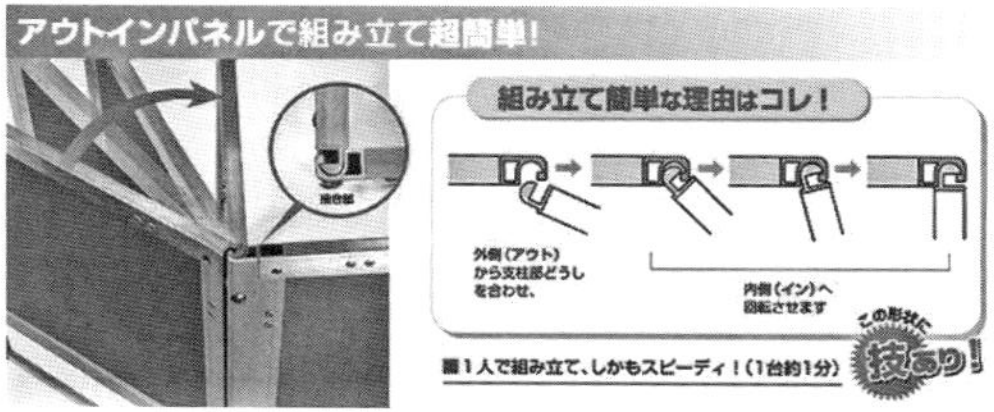

出典：同社ホームページより

☆事例3×事例4　中小企業の地域を越えた技術力活用によるマッチング

≪ビジネスマッチング≫

事例3の国内有数の総合保冷剤メーカーの保冷剤を活用し、大阪の金融機関から知財評価を依頼された事例4の会社とマッチング

大阪の会社は"組み立て式プラスチック容器"を製造。この特殊容器で海外との輸出入(生鮮食品や医療品)業務を計画中。

「北海道の会社の保冷剤」と「大阪市の会社のプラスチック容器」を組み合わせれば、農産物・食料品などを<u>適正温度で鮮度を保ち輸送</u>することが可能となる

北海道の**事例3**の会社の保冷剤

×

大阪市の**事例4**の会社のプラスチック容器

＝

マッチング成功

『ＡＢＬ活用の事業性評価』事例

- 事例１　ＡＢＬ活用の再生支援先への計画策定による取引正常化
- 事例２　経営者保証の代替機能となり得るＡＢＬ活用
- 事例３　長・短融資バランス改善による取引正常化
- 事例４　不動産担保取得に“あぐら”をかき、取引先ニーズに未対応の銀行に代わり企業のメイン銀行を奪取

事例　…中小企業との絆…「おわりに」代えて

事例１　ABL活用の再生支援先への計画策定による取引正常化

概略・・ 仏壇仏具の販売会社 → 在庫過多により資金繰り悪化 → ○○県再生支援協議会への再生依頼

会社概要　・業歴50年（実権者＝会長）　　・売上規模　7億円
※総借入　6億円　（4.5億円が長期資金、内2億円が保証協会付。他に1.5億円が短期資金）
※年商の50％を超える商品在庫をかかえ、棚卸資産の販売による資金回収は長期化。
その結果資金繰りは悪化し、返済が不可能となる。

Ⅰ．金融機関の状況

1.　従来の対応　在庫評価　未実施（※在庫評価できない） → 在庫圧縮による借入金圧縮を指導

※　長期在庫 → 不良資産認定 → 条件変更債権となりニューマネー対応不可

2.　ABL採用に向けての流れ　問題点　中小企業　・・・　在庫評価の理解（協力）不足

ABL応諾の理由

・・・動産評価アドバイザー認定取得者から事業性評価の重要性を説明 → 在庫の実態判明

（同社会長は最後まで動産評価に反対だったが、今後の事業継続の可能性を期待し、評価を承諾）

（参考）動産評価結果　・・・　簿価　285百f1M　流通価格（評価額）　676M　処分価格　139M

Ⅱ．取引先企業の変化

金融機関への信頼回復

特にオーナーであり実権者である会長は、年代物の希少価値等、技術が要求される職人が減少するなか、商品価値を認めた金融機関に対して信頼を回復するきっかけとなる

Ⅲ．再生計画骨子

1．評価結果を基に、簿価相当額に当貸枠設定

⬇

既存長期借入金200Mを当貸に吸収 ＝ 分割返済額の軽減

⬇

借入金返済の正常化を図る ＝ 借入金長短バランス改善型ABL

2．(1) 評価結果を基に動産担保を設定し、新規資金調達枠（成長資金70百万円）を設定し、資金繰りを安定化 ※ 担保余力が出たため

(2) 不採算店の撤退等による収益改善を図る。 ※ 10店舗中2店を廃止

(3) 本改善等に対し支援協議会に関与頂き、他行並びに信用保証協会も承認

Ⅳ. 結果

ABLにより取引先実態把握が可能 → 全取引金融機関の合意が形成される → 条件緩和債権から脱皮

↓

改善計画履行による企業業績改善へ

※ ABLを導入し実態把握に成功。その結果、商品価値の発見につながる

↓

この結果を基に事業承継に対しても具体的に検討が開始された

≪今回の取組から得た教訓≫

- メイン行としての積極的な関与により、流動資産の有効的活用による課題解決型のABLを実施
- 本取扱いにより金融機関と企業との信頼関係の復活・強化
- 長年の過剰在庫により金融取引の正常化が図れず、業績低迷を続けたA社に対し金融機関は実態把握が出来ず条件緩和債権で対応

↓

事業性評価に基づく融資の好事例

【ご参考・図　解】

1. バランスシートの改善

・ABLにより、新規当座貸越枠設定および既貸の経常扱当座貸越切替を実施

①新たな与信枠の設定　　②約定返済金額の軽減

③長短バランスの実質的な改善（流動比率、固定長期適合率）

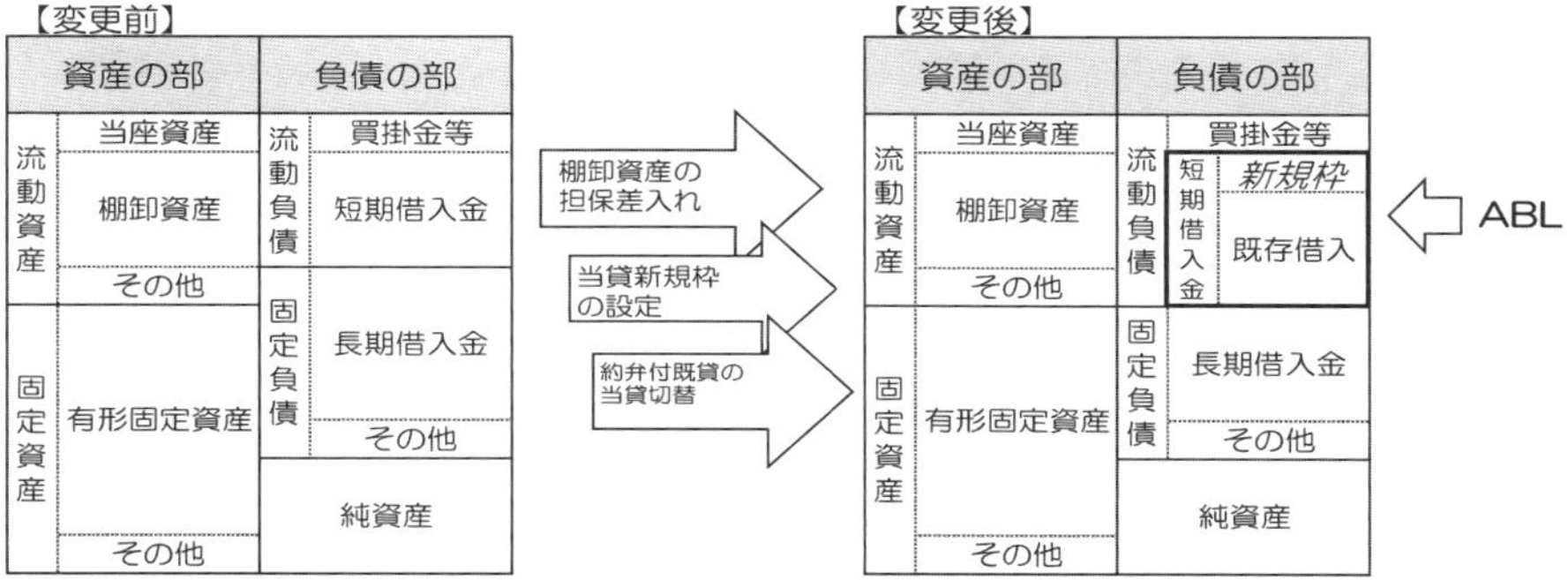
【変更前】
資産の部
負債の部
流動資産
当座資産
棚卸資産
その他
固定資産
有形固定資産
その他
流動負債
買掛金等
短期借入金
固定負債
長期借入金
その他
純資産
棚卸資産の担保差入れ
当貸新規枠の設定
約弁付既貸の当貸切替
【変更後】
資産の部
負債の部
流動資産
当座資産
棚卸資産
その他
固定資産
有形固定資産
その他
流動負債
買掛金等
短期借入金
新規枠
既存借入
固定負債
長期借入金
その他
純資産
ABL

2. 収益構造の改善

・ABLによる情報を活用し、収益性の高い売れ筋商品を販売強化する

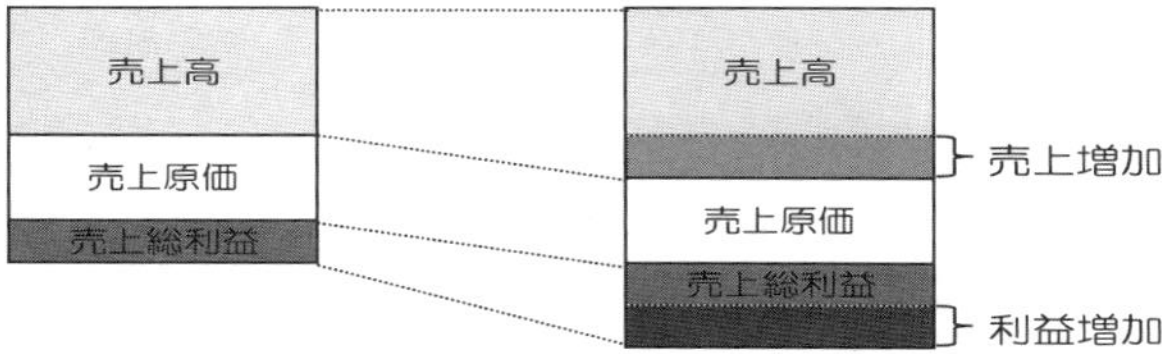
売上高
売上原価
売上総利益
売上高
売上原価
売上総利益
売上増加
利益増加

事例２　経営者保証の代替機能となり得るABLの活用

1. 企業概要

業種	ニット製品製造業	借入金	400百万円
年商	700百万円	取引行・シェア	A銀行 86.4%
従業員数	80名		B銀行 12.9%
			政府系 0.7%

2. 取組みに至った経緯

- 同社は過去業績不振で経営状況が一時悪い時期もあった ⇒ 現在は正常先

➡ 同社の強み（企画力・技術力） ⇒ 百貨店より信頼回復。有力なニット製品メーカーに成長

- 同社代取は60歳を目前に後継者問題を意識

➡ 課題は事業承継時における借入金の連帯保証人解除

- メイン行であるA銀行は企業の事業性評価への経験が乏しく連帯保証人の解除に足踏み

➡ 同社はA銀行から納得が得られる回答が得られず、結果準メイン行（B銀行）に相談

3.　準メイン行（B銀行）の対応

- 「経営者保証ガイドライン」の検討を開始。同社に事業性評価を申し入れ　⇒　在庫評価を実施
- 在庫評価の結果、在庫・商品の実態が明確となり、商品、機械、価格等の妥当性、かつ今後の販路の展開等、同社とB銀行が共に実態を確認しあえたことにより「連帯保証人解除」の決断に至った。
- 特に留意した点は後継者同席のうえで実態の把握をしあえたことである。

この結果 ⇒ **B銀行の信頼が高まる！**

連帯保証人の解除により、予期せぬメイン行（A銀行）より300M不動産担保付の肩代りを実施 ⇒ **“メイン銀行への躍進”**

ここで重要なことは、在庫評価を実施してその結果単に保証人を解除することではなく、評価することが事業性評価につながり、まさにソリューションの展開へと発展するところが大きな成果である。このことにより、今後しっかり将来を見据えて取引先と向き合うことが重要である。

※　担保物件である在庫・商品の損害保険も検討

【参考1】　同様なニーズに対して、既に同じ手法を導入し、他の金融機関との間でも10案件（本件含む）が保証人解除で対応済み

【参考2】　ABLモニタリング管理態勢の整備強化への取組み

- 営業店のモニタリング事務負担の軽減を図るため、B銀行は2014年10月より審査部担保管理センターにて新たに「動産・売掛金担保の評価・調査・モニタリング等」の業務取扱いを開始（今後のABL増加に伴う、営業店のモニタリング業務のサポート及びABLの定着化が目的）

事例３　長・短融資バランス改善による取引正常化事例

長期資金のみで対応した誤った借入金圧縮指導により資金繰り逼迫
～メイン行不在の計画性のない資金調達～

1. 企業概要

業種・・・食品製造業　・年商　50億円　・業歴　42年

※ ここ2年原材料の輸入に関し為替急変による差損と借入金利支払い過多により債務超過となる

2. 取引銀行の状況

①取引金融機関9行・・・10億円（全て長期借入）《年間約弁260M＞キャッシュフロー130M》

※ 流動資産10億円に対し、流動負債5億円。借入金の長短バランスが崩れ、常に借換資金が発生

結果 ⇒ 資金繰り多忙となり、支払利息負担からの業績改善が遅れる
業績改善に向けた工場新設を検討するも、資金調達と保証人に悩む
㊟息子に事業承継も検討中

②従来の対応

・債務超過先ではあるが、キャッシュフローは安定していた
・借入金の圧縮指導は全ての取引金融機関からされていた
・メイン行不在で9行の取引金融機関は資金需要の対応に全て長期資金 ➡ 資金繰り悪化
・この為に事業革新に向けた新工場建設計画は進展せず
・不動産担保、保証協会活用枠は既に一杯であり、全ての金融機関はプロパー対応には消極姿勢

③ABL活用に向けての流れ

問題点 ・・・同社は在庫評価の理解不足により、評価の応諾に時間を要す。

ABL説得に向けての説明

・・・資金調達の長短バランス改善 ⇒その為には流通価格（時価）や処分価格の実態確認が必要

※ 在庫の実態把握をすることにより、個人保証の解除も検討。

3. 在庫評価　⇒"応諾"

評価結果・・・簿価200M　流通価格537M　処分価格250M

⇒ ABL活用によるキャッシュフロー弁済の実現と、新工場建設資金の返済計画が可能

⇒ ABL活用の代替策として個人保証の解除

㊟ABL総合補償プラン検討中

4. 同社の変化

同社⇒メイン行の重要性を認識

【背景】・・・メイン行不在の為に資金の必要のつど、その時々で対応してくれる金融機関の言うがままの長期の資金調達を継続

➡ ある面、同社は金融機関の被害者

A. 同社の支援

・A銀行はABL活用の為の動産評価実施後、実質メイン行として取引銀行9行を3行に集約し借入金の長短バランスを改善。キャッシュフロー弁済の実現を図る

※ キャッシュフロー弁済の実現・・・ABL実施後年間返済額 100M < 当社キャッシュフロー130M

※ 事業革新資金調達導入も検討

※ ABL実行により個人保証解除 ⇒ 事業承継も可能

B. 同社のA銀行に対する対応

・A銀行に感謝し、法人預金・為替・入金口座の集中・個人預金に至るまで他行より移し替え

5. 参考…まとめ

①評価結果より、当貸枠300Mを設定
（既存長期借入金300Mを動産見合いとして当貸に吸収）

《実行前》 年間返済額260M > 当社キャッシュフロー130M

《実行後》 年間返済額110M < 当社キャッシュフロー130M

➡ 分割返済額の軽減

スキームの第一弾として資金繰りの正常化を図り、事業革新資金への取組みを可能にする

②動産担保徴求により預金担保（根担保）100Mを解除し、保証協会付借入金の返済に充当

➡ 支払利息年間削減額3M — ア

③長短借入バランスの見直しにより、過剰となった現預金100Mで有利子負債を圧縮

➡ 支払利息年間削減額3M — イ

④ ②の相殺により保証協会付借入金100Mの保証料が削減。

➡ 保証料削減1M ー ウ
（保証協会新規資金調達枠100M確保）

⑤スキーム実施の結果

- 借入金総額は10億円 ⇒ 8億円（金利削減5百万円）
- 金利負担軽減と保証料削減 ⇒ 年間7百万円改善（ア+イ+ウ）
- 保証協会新規資金調達枠 ⇒ 1億円確保

➡ **債務超過は解消し、要注意貸出しから正常先へ**

⑥事業承継も行われ、会長から引き継ぐ新社長は今回のスキームで10億円の個人保証を解除

➡ **新社長は積極的な経営に転じる**

※ 同社社長の本音・・・これぞABLを活用した事業性評価

同社社長は、それぞれの金融機関の対応ぶりの違いにつき、改めて心を開き心情を語った

金融機関は、業績の良し悪しに関わらず、担保余力のあるなしに関わらず、企業の実態をじっくり見て本当に必要とするときに、会社の現状にあった資金の借り方を指導して欲しい。A銀行は、この事を私に教えてくれました！！

事例４　不動産担保取得に“あぐら”をかき、取引先ニーズに未対応の銀行に代わり企業のメイン行を奪取

1. 企業概要

業種・・・	住宅用サッシ販売	30％
	建材	30％
	セメント	30％

売上高　30億円
総借入　7億円
〈参考〉・・・年間　57M約弁
（A社キャッシュフロー21M）

※ 創業120年で地元に本社を持つ老舗企業

2. 同社の背景

・半世紀に亘り、B銀行の絶対メイン先

理由・・・A銀行頭取と同社のトップが学生時代からの友人
同社にはB銀行から常務として1名転籍

・7年前に現社長は事業承継と同時に、事業リスクを考え、事業部門を上記の3分野に分散
・メイン行（A銀行）は本社・自宅（個人所有）を全て担保徴求
・メイン行（A銀行）の同社に対する貸付手法
⇒総貸付7億円の内5億円を手形貸付7本（不動産担保見合い）
※ 長期間に亘る手形貸付7本の金利負担（1カ月のコロガシ）及び毎月の手形書替の事務負担と印紙代の経費が発生

➡ 社長の不信感が募る

3. B銀行の対応

交渉窓口店の支店長の動き

↓

B銀行本部との連携により動産評価アドバイザー認定取得者が同行の上、同社を訪問

↓

動産評価アドバイザー　・・・国の施策として流動資産の有効活用を説明

➡ 事業性評価の為の動産評価に同意

一方で・・・“A銀行から転籍した常務も不動産担保の解除が条件でB銀行の提案に賛同”

➡ 長年のA銀行（メイン行）への叶わぬ要望がB銀行の活躍で全面肩代わりに

4. 本ケースでの問題点とメイン行のあり方

中小企業

問題点

- 不動産担保の代替策の意識はない
- 在庫評価に対する理解力が不足
- 融資の内容については理解不足　（長期・短期・運転資金・設備資金等）
- 借入については不動産担保やむ無し
- 新たな設備投資や事業承継の時になり、初めて不動産担保の解除の重要性を知る

メイン行 問題点とあり方	・メイン行であれば、他行に提案される前に、自らの情報管理で事業支援をすべき ・不動産担保に“あぐら”をかいていると第2、第3の肩代わりは今後も発生 ・メイン行は常に取引先のニーズに対応するための活動が重要

5. 取引先企業(同社)の変化

・本件の事業性評価実施により、不動産担保の解除と借入金の長短バランスの見直しにより、同社の資金繰りは大きく変化し且つオーナーの長年の夢であった本社の移転も可能となった。
・B銀行には売掛金入金口座及びオーナー預金や社員の給振に至るまで全て肩代わりとなる。

6. まとめ

・本取組みは地域中小企業が金融機関の担保主義の中で違和感を感じているところへ、企業に対して事業性評価を駆使して真正面から問題解決に取り組むことで絶大な信頼を得てメイン取引を勝ち得たソリューション型新規アプローチの代表例と言える。

事例　・・・中小企業との絆・・・
「おわりに」代えて

2018年1月、特許庁の「知財ビジネス評価書作成事業」で、愛知県豊橋市の中小企業A社をパナソニックIPマネジメント社の中西氏と共に尋ねた。

A社は、意匠に係る物品として、額縁を権利化している企業であった。この額縁は叙勲・褒章の勲章及び勲記（賞状等）を一つの額縁に一緒に飾ることができるものであり、勲章を収納する勲章収納部と勲記を収納する勲記収納部を備えている。（従来、一般的には賞状等は額縁に飾り、勲章等は別保管で、ややもするとタンスの中に仕舞いこんでしまうのが常であった）

そこに目を付けたA社は、細長い仕切り棒を配置する事で、額縁の中に勲章も、勲記も一体に飾る額縁を考案し、商売の主力商品となっている。内容を説明すれば、至極簡単な発想と思われがちだが、「アイデアとはそういうもの」であり、この商品は従来世に出回っていなかったものでもある。

（同社HPより）

当時はこの額縁の意匠権について『知財評価』をさせていただいたが、その時にこのアイデアをもう一歩発展させた提案について膝を交えて話し合った。

それは、勲章の飾りつけのスペースに、例えばサッカーならば、サッカーコートをリアルに表現したり、オリンピックなら燃え盛る聖火台を再現したり、高校野球の夏の甲子園であればグランドと選手が持ち帰った砂をリアルに表現出来たら・・・などという内容だった。そして、当然の事ながらチーム全体の写真や勲章も飾り付けたら素晴らしい記念になるのでは、というアイデアだ。A社の社長は、その時以来約5年の月日をかけ、話し合ったアイデアを実現するために試作品の製作を繰り返した。そして、2021年（令和3年）9月に新たな意匠権の登録をし、いよいよ現実のものとなった額縁が完成した——という旨の報告がA社社長から筆者にあった。

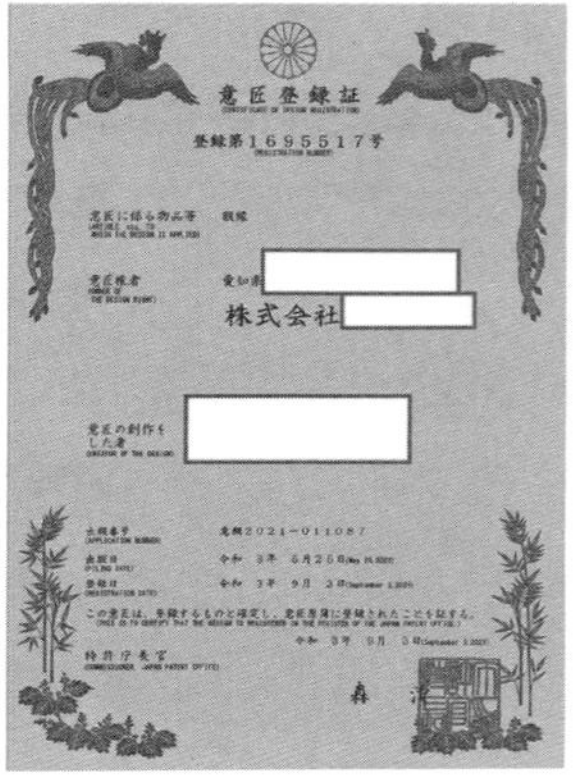

“嬉しかったですね!!” 突然の連絡をいただき、仕事冥利に尽きると思うと共に、中小企業との絆はこうして作れることを実感した一瞬ともなった。

実は、A社社長からの連絡は、奇しくもこの書籍を書き上げる中で最終段階となった『事例』を書き上げている2022年9月2日に届いた1本の電話だった。

この新商品の売り上げ増加を心から願うと共に、今後ともこうした絆の大切さを噛みしめて、『現場・実地・面談』を大切にした中小企業への支援にまい進したい。

本書籍発刊にあたり、この好事例の紹介を書籍の「おわりに」に代えて、読者の皆様にお伝えする。

（久保田）

〈著者紹介〉
特定非営利活動法人　日本動産鑑定
理事長
久保田　清（くぼた　きよし）

1968年埼玉銀行（現りそな銀行）入行。1989年～1999年あさひ銀行（現りそな銀行）千住、水天宮、神谷町、上野、立川の各支店長を歴任。1999年株式会社ドン・キホーテ出向・業務本部長に就任、その後同社取締役を経て、2007年10月９日退任。

2007年10月10日特定非営利活動法人　日本動産鑑定設立・理事長就任。同法人設立以来、全国の金融機関、信用保証協会等を中心に中小企業の事業実態把握のための動産評価・管理・処分のセミナーを延べ300回以上実施。参加者も20,000人以上となり、「ABL（動産・売掛債権担保融資）」普及および「事業性評価」普及に努めている。ABL協会理事。動産鑑定アドバイザー認定委員会委員。動産評価アドバイザー認定運営委員会委員長。

著者から
本書籍執筆にあたっては、日本動産鑑定の副理事長　大島聡、教育事業部長　杉浦信也、経営企画部担当部長　中野雅由各氏の協力を得ており、感謝申し上げます。

『事業成長担保化』への軌跡
―不動産担保から動産担保へ、そして事業成長担保へ!!―

2022年（令和４年）10月10日　第１刷発行

著　者　久保田　清
発行者　特定非営利活動法人 日本動産鑑定
〒103-0014
東京都中央区日本橋蛎殻町1-39-5　水天宮北辰ビル６階
Tel. 03-5652-1170　Fax. 03-5652-1173
https://www.ndk-abl.org/
発売元　株式会社 玄文社
印刷所　新灯印刷株式会社